莊子集成　劉固盛 主編

莊子鬳齋口義校注

上

[宋] 林希逸 撰　周啓成 校注

海峽出版發行集團
THE STRAITS PUBLISHING & DISTRIBUTING GROUP
福建人民出版社

二〇一一—二〇二〇年國家古籍整理出版規劃項目
全國高等院校古籍整理研究工作委員會直接資助項目
華中師範大學中國語言文學一流學科建設項目

莊子集成出版前言

莊子是先秦道家重要經典，戰國中期莊周及其後學所撰。莊子原爲五十二篇，經西晉郭象删削編定，尚存三十三篇流傳至今。莊子在兩漢未受特別重視，至魏晉之際，因與玄學思潮投合，注釋漸多，影響較廣的有崔譔、向秀、司馬彪諸家，但多已亡佚。惟郭象參考諸家之注，加以發揮，形成後世通行的注本。唐代成玄英又依郭注作南華真經注疏，補釋郭注未及的字義名物，在思想上也有獨到闡發。陸德明經典釋文中有莊子音義三卷，因保存較多唐以前異文舊注，爲治莊必備之書。

目前流傳下來的莊子注本，多成書於宋以後。宋學長於義理思辨，以儒、釋、道解莊的傾向較爲明顯，到明代更形成了會通三教的風氣。宋代興起文章評點之風，林希逸、劉辰翁評析莊子，引發對莊子語言及行文的探索。明代又出現方式更多樣、結構更嚴密的莊子評點類著作，莊子文章批評成爲專門領域。

清乾嘉以來，考據輯佚之學盛行，注莊者更重視校釋文義、考正韻讀、輯補佚文，如盧文弨、王念孫、茆泮林、俞樾、孫詒讓諸家，均取得較高成就。清末郭慶藩、王先謙先後撰莊子集釋、莊子集解，雖繁簡各殊，而均以集納衆長、具總結性質，成爲百年來最通行的莊子注本。近代以降，隨着新舊學術轉型，莊子研究多從哲學史、文化史角度展開，或進行學術史的總結，已突破傳統格局。

歷代莊學著述今存三百餘種，近人嚴靈峰編無求備齋莊子集成初編、續編及老列莊三子集成補編，始予系統影印；方勇主編子藏道家部莊子卷，又續有增益。然均未經點校，不便閱讀。爲總結歷代莊學成就，推動莊學研究進程，福建人民出版社與華中師範大學道家道教研究中心合作編纂莊子集成，系統整理魏晉至民國間中國學者有關莊子的注疏文獻，分輯出版，以備廣大讀者、研究者使用。

二〇二二年十一月

目次

前言……一
校注説明……二五
發題……一
卷一
内篇逍遥遊第一……一
内篇齊物論第二……一四
卷二
内篇養生主第三……四八
内篇人間世第四……五七
内篇德充符第五……八三
卷三
内篇大宗師第六……一〇〇
内篇應帝王第七……一三〇
外篇駢拇第八……一四四
外篇馬蹄第九……一五四
卷四
外篇胠篋第十……一六〇
外篇在宥第十一……一六九
外篇天地第十二……一九二
卷五
外篇天道第十三……二一九
外篇天運第十四……二三六
外篇刻意第十五……二五六
外篇繕性第十六……二六三

卷六

外篇秋水第十七……二七一

外篇至樂第十八……二九〇

外篇達生第十九……三〇〇

外篇山木第二十……三一六

卷七

外篇田子方第二十一……三三一

外篇知北遊第二十二……三四五

雜篇庚桑楚第二十三……三六八

卷八

雜篇徐無鬼第二十四……三九一

雜篇則陽第二十五……四一六

雜篇外物第二十六……四三六

卷九

雜篇寓言第二十七……四五〇

雜篇讓王第二十八……四五九

雜篇盜跖第二十九……四七三

雜篇説劍第三十……四八六

卷十

雜篇漁父第三十一……四八九

雜篇列御寇第三十二……四九七

雜篇天下第三十三……五一一

附録

林希逸墓碑碑文……五三五

序跋……五三八

林希逸莊子鬳齋口義在日本

[日]池田知久著

[中]周一良譯……五四三

林希逸三子鬳齋口義的主要觀點、方法

及其對中國老莊注釋的影響……五六三

前言

一

林希逸，字肅翁，一字淵翁，號竹溪，又號鬳齋、獻機。南宋福建路福清縣漁溪人。紹熙四年（一一九三）生。理宗端平元年（一二三四）解試第一，次年省試第一，殿試中甲科第四人，爲平海軍節度推官，以清白稱。淳祐六年（一二四六）遷秘書正字，入對乞信任給諫，又乞早決宗社大計，以慰人望，理宗皆開納。七年除樞密院編修官，兼權都官郎官，兼崇政殿説書。八年，以直秘閣知興化軍。九年，知南劍州。後改直寶謨閣，除提點坑冶，兼知饒州，除考功郎官。寶祐四年（一二五六），丁母憂，七年敘復。景定元年（一二六〇）起，以賈似道故，復被起用，歷廣東運判、考功郎、司農少卿、秘書少監、太常少卿等。咸淳元年（一二六五）除直寶文閣、湖南運副，四年知贛州。五年，除秘書監兼侍講。六年，除起居郎。次年以疾終於家，年七十有九。

林希逸著作頗富，現可考者有：考工記圖解二卷（存）、春秋三傳正附論十三卷（佚）、周禮説（佚）、易講述四卷（佚）、三子口義（存）、鬳齋前集六卷（佚）、竹溪鬳齋十一

稿續集三十卷（存）、竹溪十一稿詩選一卷（存）。[一]

林希逸師從陳藻，爲艾軒學派末代名儒。他的學術淵源，如下圖所示：

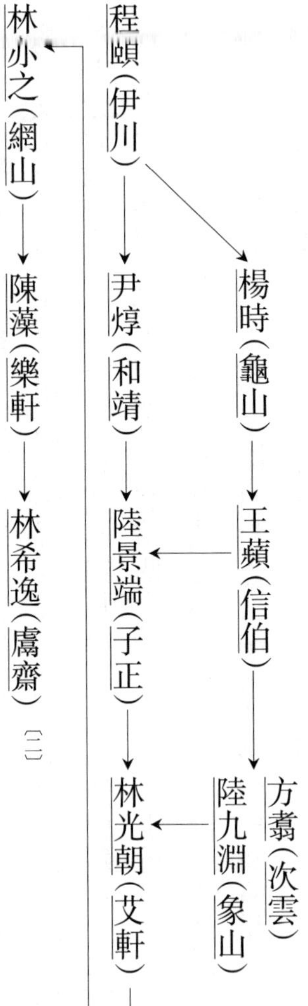

[二]

林希逸曾爲林光朝、林亦之、陳藻立三先生祠，蒐集刻印其遺文，並上疏朝廷請求對三人予以褒崇。他在知興化軍時，下車卽告學者說：「自南渡後，洛學中微，朱、張未起，以經行倡東南，使知聖賢心不在訓詁者，自莆南夫子始。初疑漢儒不達性命，洛學不好文辭，使知性與天道不在文章外者，自福清兩夫子始，學者不可不知信從也。」[三]此處「莆南夫子」指林光朝，「福清兩夫子」則指林亦之、陳藻二人。林希逸指出，艾軒學派實溯源於二程的洛學，以宣傳儒家聖賢之教爲本，和專注訓詁、不達義理的漢學完全有別。但是，艾軒學派重視文章，認爲文章與義理不可分割，不可偏廢，這和輕視文辭的洛學又有很大區別。在林林總總的宋代理學派別中，講究文章技巧，可以說是艾軒學派的重要特點，林希逸自說：「希逸少嘗有聞於樂軒，因樂軒而聞艾軒之說，文字血脉稍知梗概。」（莊子口義發題）

林希逸在艾軒學派中又有他的個人特點，那就是公開兼收佛學和老莊。據劉克莊說，林亦之、陳藻「其衛吾道，闢異端甚嚴」。〔四〕其實，嚴則說不上。陳藻曾對林希逸說：「佛書最好證吾書。」（莊子口義卷三）他的讀莊子詩也說：「堯無是處桀無非，此語堪驚與道違。造物恩私多嵬瑣，始知莊子得真機。」可見對佛學與老莊都有所肯定。而林希逸更是大大跨進一步，他在莊子口義發題中聲稱：「頗嘗涉獵佛書。」在所著三子口義中更是大量引用燈錄、語錄材料，融儒、佛、老莊於一爐。所以他的摯友劉克莊說他的學問「近禪」〔五〕，這是一針見血的批評。林希逸與朱熹的分歧也主要在這一點上，他說：「晦翁懲象山之學，謂江西學者，皆揚眉瞬目，自說悟道，深詆而力闢之。故論語集解以識音志，曰默而記之爾；孟子『不言而喻』，亦曰不待人言而自喻，不肯說到頓悟處，蓋有所懲而然，非語、孟二書之本旨也。」「頓漸自有二機，不可謂有漸而無頓，亦不必人人皆自頓悟得之。仲弓之持敬，漸也；顏子之克己復禮，頓也。」（莊子口義卷三）

這裏他毫不避諱運用佛學來解釋語、孟，也公開表明他和標榜攘佛老、闢異端的朱熹及大部分理學家（雖然他們暗中也吸取佛學理論的滋養）有着很大的不同了。

在宋代，儒佛道三家之間，一方面固然有時相互排斥，另一方面，融合的潮流也相當洪大。釋智圓中庸子傳說：「夫儒、釋者，言異而理貫也，莫不化民，俾遷善遠惡也。儒者，飾身之教，故謂之外典；釋者，修心之教，故謂之内典也。惟身與心，則内外別矣。蚩蚩生民，豈越於身心哉？非吾二教，何以化之乎？嘻，儒乎，釋乎，其共爲表裏乎。」（閑居編十九）釋契嵩輔教編說：「古之有聖人焉，曰佛，曰老，曰儒，其心則一，其迹則異。夫一焉者，其皆欲人爲善者也；異焉者，分家而各爲其教者也。」道教著名内丹家張伯端在悟真篇序中說：「迨夫漢魏伯陽引易道陰陽交媾之體作參同契，以明大丹之作用。唐忠國師於語錄首敘老、莊言，以顯至道之本末如此。豈非教雖分三，道乃歸一？奈何後世黄緇之流，各自專門，互相非是，致使三家宗要，迷没邪岐，不能混一而同歸矣。」這種三教融合的論調在理學界引起反響，出現了像林希逸這樣以儒爲主，兼納釋、道的理學家。

二

莊子口義之林經德序云：「戊午訪竹溪於溪上，因語而及，溪忽謂我曰：『余嘗欲爲南華老仙洗去郭、向之陋，而逐食轉移，未有閉户著書之日。憂患廢退以來，遂以此紓憂而娱老，今書幸成矣。』」戊午爲寶祐六年（一二五八），莊子鬳齋口義至遲完成於是年。

林希逸在全書發題中談到莊子一書五大難讀之處及解決的途徑時説：

此書所言仁義、性命之類，字義皆與吾書不同，一難也；其意欲與吾夫子爭衡，故其言多過當，二難也；鄙略中下之人，如佛書所謂爲最上乘者説，故其言每每過高，三難也；又其筆端鼓舞變化，皆不可以尋常文字蹊徑求之，四難也；況語脉機鋒，多如禪家頓宗所謂劍刃上事，吾儒書中未嘗有此，五難也。是必精於語、孟、中庸、大學等書，見理素定，識文字血脉，知禪宗解數，具此眼目而後知其言意一一有所歸着，未嘗不跌蕩，未嘗不戲劇，而大綱領、大宗旨未嘗與聖人異也。

這實是林希逸對於他注莊子所取的主要觀點方法的一個總説明。他基本上是站在理學的立場上，但同時也容納了禪宗哲學。他的基本看法是莊子思想「大綱領、大宗旨未嘗與聖人異」。從此出發，他運用師傳的解析文章的技法，也使用了禪宗的參悟本領，對於莊子所用概念加以考訂，對於所謂「過當處」、「鼓舞處」、「戲劇處」一一加以廓清，努力使莊子本意得以顯露在讀者的面前，因此，在發題末尾他自詡：「使莊子復生，謂之千載而下子雲可也。」

歷代莊注都是從一定學術觀點出發的，一部莊學史反映了一部中國學術史。郭象從玄學出發，他的莊注在向注基礎上加以發揮，在闡釋莊旨上起了重要的開拓作用，可是他的「獨化」之旨、「性足」自齊説等都是外加給莊子的。成玄英則從道教觀點出發，他的疏也自有其成就，但他又把「重玄之道」這樣的理論貼在莊子身上。到了宋代，儒學家們則從儒家角度來看莊子，王安石根據天下篇得出：「然則莊子豈非有意于天下之弊而存聖人之道乎？伯夷之清，柳下惠之和，皆有矯于天下者也。莊子用其心，亦二聖人之徒矣。」（臨川集卷六十八莊周上）蘇軾則説：「余以爲莊子蓋助孔子者，要不可以爲法耳。」「故莊子之言，皆實予而文不予，陽擠而陰助之，其正言蓋無幾。」（莊子祠堂記）他們都認爲，從用心説，莊子實是要贊助孔子之道的，只不過表面上説了一些相反的話而已。林希逸作爲一個理學家，很自然地繼承了他們的觀點（口義卷四、卷十反復提到蘇軾的論斷），他進而對莊子全書做了深入細致的剖析，完成了一部具有鮮明特色的注本。莊子鬳齋口義的出現，推動了對莊子理解的進步，在莊學史上是有突出貢獻的，但不可諱言，這部書也有着明顯的局限，甚至在某些方面曲解了莊子。

從考訂概念入手，對照前後的論述，比較儒釋理論，來達到使讀者掌握莊子理論體系的目的，這是口義的一個重要特色。

對莊子一書作過一些研究的人都知道，莊子的基本理論其實並不十分複雜，但由於用詞的獨異，論述的變幻，常使初讀者如入五里霧中。林希逸有見於此，所以在考訂概念方面下了很大功夫，或同詞異義，或異詞同義，他都一一加以詳析。同時，他還十分注意把莊子前後對同一問題用各種方式進行的論述，對照歸納起來，這就簡化了頭緒。在詮釋中，他還時時用儒佛二家與莊子對比，指出它們在理論上的種種相通相異之處，這也加深了讀者對莊子的理解。下面畧舉數例。莊子在宥：「抱神以靜。」口義：「神存於心曰抱，靜而無爲，形則自正。」在宥：「鴻蒙曰：『噫，心養』，『解心釋神，莫然無魂。』」口義：「心養者，言止汝此心自養得便是」，「解心，解去其有心之心；釋神，釋去其有知之神」，「解心之心與心養之心自異，解神之神與抱神以靜之神自異，此等字又當子細體認」。這裏就非常細密地分析了同一篇裏用到「心」、「神」二詞時不同的含義，前是指得道的心神，後是指騖外的心神。不加以分辨，初讀者很容易産生困惑。又如在詮釋德充符中「知爲孽，約爲膠，德爲接，工爲商」時，他又聯繫前面「接」、「德」、「智」三詞的使用情況，指出：「以接而生時於其心，才全而德不形，一智之所知，由前言之，三字皆是好字，到此段，接、德、智又成不好字。」這是説用同一詞的褒貶之異。下面另一篇中，他又就「德」字繼續作了考訂，指出莊子與儒家使用時含義的不同。莊子駢拇：「駢拇枝指，出乎性哉，而侈於德。」口義：「與生俱生曰性，人所同得曰德。駢拇枝指皆病也，本出於自然，比人所同得者則爲侈矣。侈，剩也。似此性德字義，皆與聖賢稍異。」同時，林希逸又對莊子中出現過的許多名詞加以歸并，説明它們意義的相近或一致。莊子刻意：「能體純素，謂之真人。」口義：「真人，至人也，前曰聖人之德，此又曰真人，便如内篇所謂『至人無己，神人無名』，皆只是聖人字，却换許多名字，非曰真人、至人又高於聖人也。」這樣就把讀者從各種名詞擺成的迷陣中引了出來，理解了它們的共通之處。他還常用相通的理學或佛學用語來與莊子對比，闡釋莊子用詞的含義。如莊子齊物論：「古之人，其知有所至矣。惡乎至？有以爲未始有物者，至矣，盡矣，不可以加矣。其次以爲有物矣，而未始有封也。其次以爲有封焉，而未始有是非也。」口義：「未始有物者，太極之先也。古之人者，言古之知道者。自無物之始看起來，則天下之理極矣。其次爲有物，是無極而太極也。自有物而有封，是太極分而爲兩儀也。」這是用北宋理學家周敦頤的太極圖説來對比莊子的世界生成之説，比得很恰當，太極圖説本深受老子影響，莊子也承自老子，思想淵源原自相通。理學在理宗一朝備受朝廷推崇，而終于成爲官學。讀書人對於理學用語十分熟悉，用來比喻莊子，就很容易領會。當時禪宗哲學也流傳頗廣，爲不少知識份子所樂道講究，所以用禪學來比較莊子也是口義常用的手法。如莊子人間世：「若能入遊其樊而無感其名……則幾矣。」口義：「若，汝也。人世如在樊籠之中，汝能入其中而遊，不爲虚名所感動。有迹則可名，纔至有迹，則是動其心矣。處世無心則無迹，無迹則心無所動，故曰遊其樊而無感其名。」這裏用了「有迹」、「無迹」的名詞，郭象也曾用「迹」、「所以迹」來發揮玄學，而林希逸則用佛家的無心來解釋無迹，主張以保持真心、離却妄念來處世，這實是暗合道家思想的。又如天運中老子答孔子如何求道的問話時説：「中無主而不止，外無正而不行。」口義詮釋説：「中無主而不止，非自見自悟也，言學道者雖有所聞於外，而其中自無主，非所自得，雖欲留之不住也。外無正者，無所質正也，今禪家所謂印證也。」這裏運用佛學非常恰當地詮釋了莊子的理論，可以説是中國比較哲學的一條好材料。

林希逸在詮釋中十分注意把莊子前後的論述加以對照，説明其中相通之處，這對於讀者融會貫通地掌握莊子的理論體系，有很大好處。譬如莊子大宗師：「死生，命也，其有夜旦之常，天也。人之有所不得與，皆物之情也。彼特以天爲父，而身猶愛之，而况其卓乎？人特以有君爲愈乎己，而身猶死之，而况其真乎？」口義：「此數語，蓋以死生之天命，發明一與不一之意。曰父曰君，人世之所尊愛，莫大於此，而是道之大，尤出於君父之上，故曰可以爲衆父父，故曰其有真君存焉。」這段話是解釋莊子關於道主宰一切的觀點，爲了印證這一觀點，他引用了「可以爲衆父父」及「其有真君存焉」二句。這二句　出於天地，一出於齊物論，這兩處的論述與大宗師此處在理論上的確是一致的。又如知北遊有「古之人，外化而内不化，今之人，内化而外不化」。口義詮釋時則把齊物論的有關論述與之結合來談：「應物而不累於物，則爲外化，因感而應，不動其心，則爲内不化，故曰古之人，外化而内不化。與接爲構，日以心鬭，則爲内化，與物相靡相刃，而見役於内，則爲外不化，故曰今之人，内化而外不化。」其中「與接爲構，日以心鬭」，「與物相靡相刃」，都源於齊物論中批評世俗之態的句子，結合來解知北遊，對於知北遊這幾句的意蘊就挖掘得深了。而且，由於知北遊這幾句把修身與處世結合起來論，説得很平實扼要，讀者倒可以藉此反過來對齊物論那一段激動却又思想跳躍的論説的實質有一個較清晰的認識了。口義中這種印證、溝通上下的地方很多，多數對讀者理解都有幫助。

識別莊子的「鼓舞處」、「過當處」、「戲劇處」，探求莊子真意所在，是口義的第二個特色。

關於莊子爲文的特點，那位天下篇的作者早就評論過：「以謬悠之説，荒唐之言，無端崖之辭，時恣縱而不儻，不以觭見之也。」〔六〕司馬遷也説：「畏累虚、亢桑子之屬，皆空語無事實」，「其言洸洋自恣以適己」。（史記卷六十三老子韓非列傳）這都指出莊子誇大虚構的特點。因此，讀莊就要能辨析，口義正是這樣來指導讀者的。林希逸指出莊子中不少地方行文有「鼓舞處」，有「戲劇處」，讀來不可過於當真，又有些地方往往説得「過當」、「過高」，實際用意倒並非如此。這就幫助讀者在理解上免走許多歧路和彎路。例如莊子齊物論：「夫道未始有封，言未始有常，爲是而有畛也。請言其畛：有左，有右，有倫，有義，有分，有辯，有競，有爭，此之謂八德。」口義：「八德之名，只是物我對立之意，却鼓舞其文，做出四句」，「看此等文字，卽就字義上畧攞撥得伶俐便自好，若道倫又如何，義又如何，分又如何，辯又如何，爭又如何，競又如何，便非莊子之意矣。且倫字、義字、分字、辯字、競字、爭字，本無甚分別，如何名以八德？看得他文字破，不被他鼓舞處籠罩了，方是讀得莊子好，雖使莊子復生，亦必道還汝具一隻眼」。莊子此處無非是説由於有了成心作怪，所以出現各種觀念，「八德」只是隨意取的一個名詞，其實既不限於八種，又不必細究其中順序。林希逸這裏就評説得十分透徹。又如莊子胠篋：「故絶聖棄知，大盜乃止；擿玉毁珠，小盜不起；焚符破璽，而民朴鄙；掊斗折衡，而民不爭；殫殘天下之聖法，而民始可與論議。」口義：「擿玉毁珠、焚符破璽、剖斗折衡，皆是激説，以結絶聖棄知之意，非實論也。殫殘者，毁削也，盡去聖人之法，民始純一，可與言道也，故曰民始可與論議。此皆憤世之辭，故人每以剖斗折衡、焚符破璽之事譏議之，其實卽老子『不貴難得之貨，則民不爲盜』之意，但説得過當耳。東坡曰：『人生識字憂患始。』豈欲天下人全不識字耶？」林希逸這段辨析很是精彩，他正確地指出，這只是憤世過當之言而已，絶不能當成「實論」。的確如此，莊子此段出於左派後學，他們正值社會制度大變遷的時代，對於種種現象不能理解，所以發出憤激的議論。其實作爲小生産者的代表也並不是要取消一切、開歷史倒車的。口義這類辨析相當多，多數看得比較準，説得較有道理，於讀者有幫助。但在有些地方，他把莊子中對儒家的抨擊，也作爲「鼓舞」、「過當」處而輕輕化解掉，這就不對了。

注意評析莊子散文藝術，是口義的第三個特色。

郭象、成玄英都没有從文學角度來看莊子，到了宋代，莊子的散文藝術受到重視，蘇軾説：「吾昔有見於中，口不能言，今見莊子，得吾心矣。」〔七〕由於蘇軾這樣的著名文學家的重視，莊子在後人中産生了很大影響，林希逸在口義中對莊子的文章也頗推崇：「蓋莊子之書，非特言理微妙，而其文獨精絶，所以度越諸子。」他認爲莊子文章一個突出的特點是「奇」，寓言奇，比喻奇，用字也奇。在評論渾沌鑿竅這個寓言時，他説：「此段只言聰明能爲身累，故如此形容。墮枝體，黜聰明，則爲渾沌矣。本是平常説話，粧出日鑿一竅之説，皆奇筆也。」（口義卷三）他還承繼了韓愈的文氣説（從口義多處引用韓文看，林希逸很欽仰韓愈），多次談到莊子的「筆勢」。如莊子天運：「以敬孝易，以愛孝難；以愛孝易，而忘親難；忘親易，使親忘我難；使親忘我易，兼忘天下難；兼忘天下易，使天下兼忘我難。」口義：「敬孝，猶有迹也，愛孝，則相忘矣，自此以上，曰忘親，曰忘天下，天下忘我，但要一節高一節，此書筆法例如此。」在另一處他又解釋説：「説得一節高一節，此是莊子之筆勢，若聖賢之言，則平易而已。」（口義卷三）在他看來，這種「一節高一節」寫法形成莊子特有的筆勢，與一般儒家文章平易的風格就不一樣，這是有一定見識的。此外，他還幾次贊美莊子的文采和使用比喻的巧妙。這些文章藝術方面的評析對於引導讀者理解和欣賞莊子的文章，無疑是有益的。但是，口義中也有一些關於起結開闔之類的分析，則顯得過於瑣碎，意義不大。

通俗易解是口義注莊的第四個特色。

口義的文字相當口語化，類似語錄，讀者容易接受。林經德説：「此書以口義名者，謂其不爲文，雜俚俗而直述之也。」〔八〕林希逸還引用俚歌俗諺以及社會上的實事來解莊，常能發明新義。如釋逍遥遊「海運」一詞，他説：「海運者，海動也。今海瀕之俚歌猶有『六月海動』之語。」又如解盜跖中「貪權而取竭……可謂疾矣」，他説：「今諺云『有勢莫盡用』是也。」這些地方引用俚歌俗諺都相當恰當，解釋得準確，同時使人感到很親切。

以上舉例畧談了口義的四個特色，其他如識别莊子文中的虚字，對某些通假字的詮釋等等也都值得肯定。但是，無庸諱言，口義也有明顯的缺陷，這主要是作者的學術觀點造成的。

用理學來曲解莊子哲學，調和莊儒的矛盾，是口義一個較大的缺陷。林希逸站在理學的立場上，堅持認爲莊子「大綱領、大宗旨未嘗與聖人異」，因此他就戴上了一副有色眼鏡，從他看來，莊子中一些原與理學毫無關係的論述，竟也帶上了理學色彩。例如莊子天地：「形體保神，各有儀則，謂之性。」口義：「形體，氣也，氣中有神，所謂儀則，皆此神爲之，便是性中自有仁義禮智之意。」莊子這幾句原無非是説，人類由於精神各異，所以稟性各異，至於性的内容，並未深探。而林希逸則用此段來比附理學，用理學的人性論來解説莊子的「性」，輸進了儒家「仁義禮智」的内容。又如莊子徐無鬼：「知士無思慮之變則不樂，辯士無談説之序則不樂，察士無凌誶之事則不樂，皆囿於物者也。」口義：「三者皆隨其所長而自以爲喜，故一日無之則不樂，此爲物慾所籠罩者也，故曰囿於物。」莊子這段是批評世人馳騖身心、沉溺外物的種種行爲，這裏所説的「物」即指外物，和理學家説的「物慾」是完全不同的概念。因爲就在同一節裏，還批評道「禮教之士敬容，仁義之士貴際」，可見「囿於物」的行爲還包括行禮教仁義之事。口義的闡釋可説是曲解了莊子。

林希逸還受到莊學研究水平的局限，當時對莊子各篇的考訂還處在初級階段，林希逸除了同意蘇軾提出的讓王以下四篇非莊子作的觀點外，其他各篇尚不敢懷疑。因此對於外、雜篇中大量右派後學的理論，就無法分清了。譬如在宥後半篇提到「粗而不可不陳者，法也；遠而不可不居者，義也；親而不可不廣者，仁也；節而不可不積者，禮也」，和前半篇的觀點迥然不同。〔九〕口義於是説：「觀此一段，莊子依舊是理會事底人，非止談説虛無而已。伊川言釋氏『有上達而無下學』，此語極好，但如此數語中，又有近於下學處，又有精粗不相離之意。」這就把莊門右派後學的觀點當作了莊子的觀點，從而模糊了莊儒對立的界綫。又如天道中釋到「五末」時，他又説：「末學者，古人有之，而非所以先，此一句尤好，看得莊子何嘗欲全不用兵刑禮樂？」這也是根據莊門右派後學的觀點對莊子的思想傾向做出了錯誤的評價。

即使對於一些與儒學完全相反的理論，口義也竭力把它和儒家調和起來。譬如至樂中有莊子妻死鼓盆而歌一節，口義説：「此一段乃是發明死生一貫之理。鼓盆之説，亦寓言耳，且如原壤之登木而歌，豈其親死之際，全無人心乎？若全無人心，是豺狼也，夫子尚肯與之友乎？聖門之學，所以盡其孝慕者，豈不知生死之理乎？原壤、莊子之徒，欲指破人心之迷着者，故爲此過當之舉。此便是『道心惟微』，不可以獨行於世，所以有執中之訓。莊、列之徒，豈不知此？特矯世厭俗，故爲此論耳。」鼓盆而歌這個故事很可能是後學的虛構，却非常典型地表述了莊子的生死觀，這和儒家理論是完全不同的。但口義却硬把莊、儒扯在一起，説儒家豈不知死生一貫之理，而莊子又豈無常人之心？只不過爲了矯世而説此過當之言，於是莊儒之論就這樣被他調和起來了。

用佛學改造莊子的理論，把佛、莊作不恰當的類比，是口義的另一個缺陷。

莊子在大宗師説，道的存在不但早於人，而且早於天地，而這種道又是「無爲無形」、「可得而不可見」的，所以他所謂的道實是一種客觀精神，莊子乃是客觀唯心主義者。但是林希逸在口義中却用禪宗的主觀唯心主義哲學來改造莊子的本體論。譬如齊物論開端載：南郭子綦說「今者吾喪我」一語，口義闡釋說：「有我則有物，喪我，無我也，無我則無物矣。」而其實此處莊子只說無我，並沒有說因而無物。下面在闡釋莊子關於由「未始有物」至「有物」、「有封」、「有是非」的宇宙生成論時，口義又說：「且如一念未起，便是未始有物之時。此念既起，便是有物。因此念而後有物我，便是有封。因物我而有好、惡、喜、怒、哀、樂，便是有是非。」這便是禪宗所持萬物由自性（自心）派生，包含於自性之中的觀點。再如莊子德充符：「命物之化而守其宗。」口義：「命物之化者，言萬物之變化皆受命於我，此猶禪家所謂『心迷法華轉，心悟轉法華』也。」莊子原意是說順任萬化而不離所守之道，所以上句說「不與物遷」，並沒有使萬物受命之意。「心迷」、「心悟」二句出於壇經，慧能原偈還有這樣幾句：「無念念卽正，有念念成邪；有無俱不計，長御白牛車。」這是說開悟心性，則能利用佛法濟度衆生，而這和莊子謹守天道，順任自然而獨善其身的思想相去何其遠。

口義發題說「大藏經五百四十函皆自此中紬繹出」，在以後的詮釋中他又不斷發揮這一觀點。天運末章有「烏鵲孺，魚傳沫，細要者化，有弟而兄啼」幾句，口義卽說：「佛經所言胎生、卵生、化生、濕生，其原必出於此。」又山木說：「南越有邑焉，名爲建德之國。」口義卽說：「今人禮淨土，其源流在此。」又如知北遊中有「自本觀之，生者，喑醷物也」。口義卽說：「此意蓋是貶剝人身，便是釋氏所謂皮囊包血之論。子細看來，大藏經中許多說話，多出於此。」把佛經中許多重要論點都說成是源出於莊子，實在很荒謬。佛陀及其弟子的傳承時代約爲公元前六、五世紀至前四世紀中葉，要早於莊子所生活的時代，而且也沒有任何文獻足以證明佛教創立時卽受到中國文化的影響，怎麽能隨意把這兩種源流各異的文化扯在一起呢？宋初名僧延壽在宗鏡錄中也常引用道家、儒家典籍，但他十分反對濫將三家比附的做法：「後儒皆以言詞小同，不觀前後本所建立，致欲渾和三教。但見言有小同，豈知義有大異？是知不入正宗，焉知言同意別；未明己眼，寧鑒名異體同？所以徇語者迷，據文者惑，恐參大旨，故錄示之。」〔一〇〕這種批評對口義也是適用的。

三

林希逸在著口義之初卽已表示要「洗去郭、向之陋」，通觀全書，引用前代注疏很少。但是也不是完全沒有提到，如達生中痀僂承蜩一節，口義說：「累丸於竿首，自二至五不墜，則其凝定入神矣。郭象下兩箇停審字，亦自好。」又卷二中提到司馬彪的注，卷三提到崔譔的注，卷八又不指名駁斥成玄英關於大隗爲大道之隗然的說法，可見他在著作中還是注意參考各家注疏的。如果把口義與郭、成的注疏對照起來看，則可以看出，口義的詮釋承繼前人之處是相當多的，他是在有批判地總結了前人研究成果基礎上完成這部著作的。

口義的產生，還和莊學發展的一定階段特點有關。咸淳元年（一二六五）有人批評當時一些莊注說：「近時釋莊者益衆，其説亦有超於昔人，然未免翼以吾聖人言，挾以禪門關鍵，似則似矣，是則未是。」〔一二〕口義正是這種學術風尚的代表，它引用儒佛，評析文字血脉，有着迥異於過去諸注的特色。所以此書問世不到十年，褚伯秀纂集南華真經義海纂微即將其收入，放在一個顯目的地位上。明焦竑輯莊子翼也收了此書。

用佛學來解莊，支遁已開其端，成玄英雖是道士，其實疏中佛理也不少，王雱南華真經新傳也引過一點，然而大量直接引用佛家的概念、命題來和莊子對比，則是林希逸口義所特有的，口義中約有八十餘處之多。後陸長庚南華真經副墨、釋德清莊子内篇注等在佛理上也許比林希逸精通，然而在以佛解莊這條路上，仍是步的林希逸口義的後塵。

在以儒解莊方面，王安石、蘇軾固然已經在理論上建立了莊不非儒、「陽擠而陰助」的學説，但是真正大量直接引用儒家的概念論斷來與莊子對照、細致證實其説的則是林希逸，王雱新傳也没有這樣做。明清以後這條路上可説是繼者不乏，林雲銘莊子因、宣穎南華經解、陸樹芝莊子雪諸家都是竭力調和莊儒矛盾，他們論證的宗旨，其實就是林希逸所説莊子「大綱領、大宗旨未嘗與聖人異也」。

從文學上解莊評莊，也可説濫觴於口義。蘇軾雖已極推重莊子文章，但是直到林希逸方秉承師學，一方面依據文字的分析，尋繹莊子理論系統的義脉，一方面又能從文章學的角度來賞鑒莊子的種種妙處。這對於後代莊注的影響更大，打開莊子内篇注，就可以見到注家要讀者注意莊子的「鼓舞處」、「戲劇處」，這正是林希逸一再告誡的。又如羅勉道的南華真經循本，更極似口義，其中談到莊子「文法」的地方很多。明清以來，評點莊子之家越來越多，評析也越來越細密，對比林希逸時，可説涓涓細水已成爲滚滚洪流了。

林希逸口義在朝鮮、日本有多種版本，此書在日本的影響更是我們所未想到的。口義成書於十三世紀，而十四世紀卽已傳入日本。今所知始讀莊子口義的是惟肖得巖，他是「五山」臨濟宗的禪僧，「五山」文學的代表人物之一。而到十七世紀，由於德川幕府的儒官林羅山的大力推荐，由於口義是以融合儒佛道爲主旨，投合了正居於統治地位的朱子學和佛學的口味，所以口義竟在當時日本莊學方面成爲最權威的注本，許多人讀莊只讀口義（老子口義、列子口義也同時受到重視）。直到十八世紀，徂徠學派興起，他們主張古學主義，排斥宋學，於是口義也受到批評，因而逐漸失勢。可以説，莊子口義在中日文化交流史上是起了重要作用的（詳見本書附録林希逸莊子鬳齋口義在日本一文）。

四

我從一九八五年開始從事莊子鬳齋口義的校注工作，工作中曾受到全國高校古籍整理研究工作委員會的經費資助，工作條件得到一定改善。幾年來我還受到不少前輩、朋友的關懷和幫助：我的叔父周一良先生一直關心我的這項工作，並熱心爲我搜集和翻譯有關資料，另一位叔父周紹良先生給予我不少幫助和指導，日本東京大學池田知久先生特意應我的要求研究了口義在日本的流傳情況，並寫成長篇論文，日本京都大學井上進先生來信就有關問題給予指教，北京大學古文獻研究所安平秋先生、杭州大學中文系平慧善先生、北京大學白化文先生都曾給予我熱心的支持，我所楊黛同志曾助我查閲資料。正是在以上的學術機構、前輩、專家和朋友的熱情關懷幫助下，我才得以完成此項校注工作，在此謹致以衷心的謝意。

由於我學識淺陋，點校注釋之中謬誤一定不少，懇切希望專家學者及廣大讀者賜予指正。

周啓成

一九九一年五月於杭州大學古籍研究所

注釋

〔一〕以上林希逸傳略及著述情況參考林希逸墓碑碑文，宋元學案卷四十七及補遺卷四十七，閩中理學淵源考卷八，後村先生大全集有關記載，竹溪鬳齋十一稿續集林同序，另參考楊黛所作林希逸傳略及生卒年考辨、林希逸著作述略二文（一九八六年油印本）。

〔二〕見宋元學案卷二十七、卷四十七，閩中理學淵源考卷九。

〔三〕閩中理學淵源考卷八中書林竹溪先生希逸。

〔四〕劉克莊，城山三先生祠（後村先生大全集卷九十）。

〔五〕竹溪鬳齋十一稿續集卷二十祭文後村劉尚書：「我學之癖，公譏近禪。」

〔六〕張恒壽先生莊子新探認爲，從天下篇思想傾向及謹嚴的邏輯思維看，天下篇當非莊子自作

（見張恒壽莊子新探，湖北人民出版社一九八三年版）。本人同意這一看法。

〔七〕蘇轍，東坡先生墓志銘。

〔八〕林經德，莊子鬳齋口義序。

〔九〕武内義雄等認爲在宥一篇前半篇和後半篇應分開看，前半與駢拇、馬蹄相近，後半與天地、天道相近。此説甚是。

〔一〇〕延壽，宗鏡録卷四十六。

〔一一〕南華真經義海纂微之湯漢序。

校注説明

一、本書以明萬曆二年施觀民刻本（簡稱施本）爲底本。此本反映了明人校勘成果，訛誤較少。然發現有以口義之外他本莊子補入者，實爲蛇足之舉。

二、參校本。①宋咸淳五年延平刊本（簡稱宋本），此爲目前僅存之宋刻本，序跋完整無缺，文字訛誤最少，可説是最接近原貌者。口義成書於寶祐六年，景定初即已由林經德刻版印行。至咸淳五年陳寥炎又據之復刻，陳跋曰：「此板舊鋟於樵，繙閲則便，巾笥爲難，今本之大者中之，字之疏者密之，使一覽義見，亦猶余得之易也。」文中的直音常闕，留有空格，似待補而未曾補入。②道藏本，此爲明正統刻本，雖訛誤畧多于上述二本，然從其與上二本之異文看，當從另一系統沿刻而來，故頗有參考價值。

三、底本有脱誤者，則據他本及其他資料改正本文，出校記説明。他本可資參考的異文，在校記中説明。一般筆誤，逕改不出校。引文中稍有出入而不影響原義者，不作訂正；引文出入較大者，則於校注中説明。

四、宋本序跋附録於後，按撰時先後排列。

五、宋本、施本附有莊子釋音，細考内容，絶大部分節録自陸德明經典釋文莊子音義，抄錯及其他錯誤不少，而且與口義中本有的音注不相合，當不是出於林希逸之手，故決定删去。

六、宋本、道藏本之莊子正文中時夾有雙行小字注音，而施本絶少。宋、道二本之注音亦有差異，當爲後人所加，兹不出校記説明。

七、莊子正文概按口義之旨標點。

八、只注口義中涉及的儒佛及其他方面典故，不直接注莊子。凡原文已點明出處者，如無必要，不再細注。凡詞、句、典出於莊子本書前後篇中者，一概不注。

發題

鬳齋林希逸

莊子，宋人也，名周，字子休，生睢陽蒙縣，在戰國之初，與孟子同時，隱遁而放言者也。所著之書名以莊子，自分爲三：内篇七，外篇十五，雜篇十一。雖其分别次第如此，而所謂寓言、重言、巵言三者，通一書皆然也。外篇、雜篇則即其篇首而名之。内篇則立爲名字，各有意義，其文比之外篇、雜篇爲尤精，而立言之意則無彼此之異。陳同甫嘗曰：「天下不可以無此人，亦不可以無此書，而後足以當君子之論。」〔一〕

若莊子者，其書雖爲不經，實天下所不可無者。郭子玄謂其不經而爲百家之冠，此語甚公。然此書不可不讀，亦最難讀。東坡一生文字只從此悟入，大藏經五百四十函皆自此中紬繹出。左丘明、司馬子長諸人筆力未易敵此，是豈可不讀？然謂之難者，何也？伊川曰：「佛書如淫聲美色，易以惑人。」蓋以其語震動而見易摇也。況此書所言仁義、性命之類，字義皆與吾書不同，一難也；其意欲與吾夫子爭衡，故其言多過當，二難也；鄙略中下之人，如佛書所謂爲最上乘者説〔二〕，故其言每每過高，三難也；又其筆端鼓舞變化，皆不可以尋常文字蹊徑求之，四難也；况語脉機鋒〔三〕，多如禪家頓宗〔四〕所謂劍刃上事〔五〕，吾儒書中未嘗有此，五難也。是必精於語、孟、中庸、大學等書，見理素定，識文字血脉，知禪宗解數，具此眼目而後知其言意一一有所歸着，未嘗不跌蕩，未嘗不戲劇，而大綱領、大宗旨未嘗與聖人異也。若此眼未明，強生意見，非以異端邪説鄙之，必爲其所恐動，或資以誕放，或流而空虚，則伊川淫聲美色之喻，誠不可不懼。希逸少嘗有聞於樂軒〔六〕，因樂軒而聞艾軒〔七〕之説，文字血脉稍知梗槪，又頗嘗涉獵佛書，而後悟其縱橫變化之機，自謂於此書稍有所得，實前人所未盡究者。最後乃得呂吉甫、王元澤〔八〕諸家解説，雖比郭象稍爲分章析句，而大旨不明，因王、呂之言愈使人有疑於莊子。若以管見推之，則此書自可獨行天地之間，初無得罪於聖門者。使莊子復生，謂之千載而下子雲〔九〕可也，非敢進之作者，聊與諸同志者共之。〔一〇〕

校　注

〔一〕陳同甫言，見陳亮揚雄度越諸子。原指揚雄及其法言。

〔二〕「爲最上乘者説」，金剛經：「如來爲發大乘者説，爲發最上乘者説。」宗密禪源諸詮集都序：「若頓悟自心本來清淨，元無煩惱，無漏智性本自具足，此心卽佛，畢竟無異，依此而修者，是最上乘禪，亦名如來清淨禪，亦名一行三昧，亦名真如三昧。」五燈會元卷四載薦福弘辯禪師曰：「如來出世爲天人師，善知識隨根器而説法，爲上根者開最上乘頓悟至理。中下者未能頓曉，是以佛爲韋提希權開十六觀門，令念佛生於極樂。」

〔三〕「機鋒」，佛教禪宗名詞。指問答迅速，不落迹象，含有深意的語句。

〔四〕「禪家頓宗」，原作「禪家宗」，據宋本、道藏本改。

〔五〕「劍刃上事」，指禪家採用峻險機鋒破除妄念和種種塵俗執着的做法。五燈會元卷九：「師（仰山慧寂禪師）卧次，僧問：『法身還解説法也無？』師曰：『我説不得，别有一人説得。』曰：『説得底人在甚麽處？』師推出枕子。溈山聞曰：『寂子用劍刃上事。』」

〔六〕「樂軒」，陳藻，字元潔，號樂軒，南宋福清人。理學家，師林亦之，爲林光朝再傳弟子。卒謚文遠，有樂軒集八卷。

〔七〕「艾軒」，林光朝，字謙之，號艾軒，莆田人。南宋隆興元年（一一六三）進士，累官廣西提點刑獄、中書舍人等職，卒謚文節。理學家，創艾軒學派，有艾軒集。

〔八〕「呂吉甫」，呂惠卿，字吉甫，北宋晉江人。著莊子義十卷。「王元澤」，王雱，字元澤，北宋臨川人，王安石之子。治平四年（一〇六七）進士，累官天章閣待制，著有南華真經新傳等。

〔九〕「子雲」，揚雄，字子雲，時人稱其知人（見漢書卷七十二）。

〔一〇〕道藏本此下署「鬳齋林希逸序」，後有小字：「莊子，宋人也，名周，字子休，生睢陽蒙縣，嘗爲蒙漆園吏。學無所不窺，要本歸於老子之言。故其著書十餘萬言，大抵率寓言也。其言洸洋自恣以適己，故自王公大人不能器之。楚威王聞周賢，使使厚幣迎之，許以爲相。周笑謂使者：『千金，重利；卿相，尊位也。子獨不見郊祭之犧牛乎？養食之數歲，衣以文繡，以入大廟。當是之時，欲爲孤豚，其可得乎？子亟去，無汙我，我寧遊戲汙瀆之中自快，無爲有國者所羈，終身不仕，以快吾志焉。』唐封南華真人，書爲南華真經。」

莊子鬳齋口義卷一

内篇逍遥遊第一

逍遥遊者，此篇所立之名也。内篇有七，皆以三字名之。遊者，心有天遊也；逍遥，言優游自在也。論語之門人形容夫子只一「樂」字〔一〕；三百篇之形容人物，如南有樛木，如南山有臺，曰：「樂只君子。」〔二〕亦止一「樂」字。此之所謂逍遥遊，卽詩與論語所謂「樂」也。一部之書，以一「樂」字爲首，看這老子胸中如何？若就此見得有些滋味，則可以讀芣苢矣。芣苢一詩形容胸中之樂，併一「樂」字亦不説，〔三〕此詩法之妙，譬如七層塔上又一層也。

校注

〔一〕「門人形容夫子只一『樂』字」，論語先進：「閔子侍側，誾誾如也；子路，行行如也；冉有、子貢，侃侃如也。子樂。『若由也，不得其死然。』」

〔二〕「樂只君子」，詩樛木：「南有樛木，葛藟纍之。樂只君子，福履綏之。」詩南山有臺：「南山有臺，北山有萊。樂只君子，邦家之基。樂只君子，萬壽無期。」

〔三〕芣苢不言「樂」字，詩芣苢：「采采芣苢，薄言采之。采采芣苢，薄言有之。采采芣苢，薄言掇之。采采芣苢，薄言捋之。采采芣苢，薄言袺之。采采芣苢，薄言襭之。」詩序云：「芣苢，后妃之美也。和平則婦人樂有子矣。」

北冥有魚，其名爲鯤。鯤之大，不知其幾千里也。化而爲鳥，其名爲鵬。鵬之背，不知其幾千里也；怒而飛，其翼若垂天之雲。是鳥也，海運則將徙於南冥。南冥者，天池也。齊諧者，志怪者也。諧之言曰：「鵬之徙於南冥也，水擊三千里，摶扶摇而上者九萬里，去以六月息者也。」野馬也，塵埃也，生物之以息相吹也。天之蒼蒼，其正色邪？其遠而無所至極邪？其視下也，亦若是則已矣。且夫水之積也不厚，則負大舟也無力。覆杯水於坳堂之上，則芥爲之舟，置杯焉則膠，水淺而舟大也。風之積也不厚，則其負大翼也無力。故九萬里，則風斯在下矣，而後乃今培風，背負青天而莫之夭閼者，而後乃今將圖南。蜩與鷽鳩笑之曰：「我決起而飛，搶榆枋，時則不至而控於地而已矣，奚以之九萬里而南爲？」

此段只是形容胸中廣大之樂，却設此譬喻，其意蓋謂人之所見者小，故有世俗紛紛之爭，若知天地之外有如許世界，自視其身，雖太倉一粒，不足以喻之，戴晉人所謂蝸角蠻、觸亦此意也。北冥，北海也。鯤、鵬之名，亦寓言耳。或以陰陽論之，皆是強生節目。鳥之飛也，必以氣，下一怒字，便自奇特。海運者，海動也，今海瀕之俚歌猶有「六月海動」之語。海動必有大風，其水湧沸，自海底而起，聲聞數里。言必有此大風，而後可以南徙也。南冥，亦海也，莊子又以天池訓之。齊諧，書名也，其所志述皆怪異非常之事，如今山海經之類。然此書亦未必有，莊子既撰此說，又引此書以自證，此又是其戲劇處。摶，飛翔也。扶搖，風勢也。三千、九萬，卽形容其高遠也。去以六月息者，此鳥之往來必歇住半年方可動也。野馬、塵埃三句，此是他文字最奇處，前後說多不通。野馬，遊絲也，水氣也，子美所謂「落花遊絲白日靜」是也。言此野馬、塵埃自何而得？皆世間之生物以其氣息自相吹噓，故虛空之中有此物也。此三句本要形容下句，却先安頓於此，謂人之仰視乎天，見其蒼蒼然，豈其正色？特吾目力既窮，其上無所極止，故但見濛濛然爾。鵬之飛也，既至於天上，則其下視人間，不知相去幾千萬里，其野馬、塵埃相吹之息亦必如此濛濛然，猶人之在下視天上也。此數句只是形容鵬飛之高，如此下得來多少奇特。若如從前之說，以鵬爲大，野馬、塵埃爲細，與前句不相接，後句不相關，如何見得他筆力？水之積也不厚，爲下句風之喻也。坳堂，堂上坳深處也。其水既微，但能浮一芥而已，以杯盞之類置其間，則膠住矣。膠音教，言粘住不動也。鵬在天上，去地下九萬里，風自溪谷而起，而後蓬蓬然周遍四海。鵬既在上，則此風在下。培，厚也。九萬里之風乃可謂之厚風，如此厚風，方能負載鵬翼。背負青天，言飛之高也。莫之夭閼，無障礙也。圖南，自北海而謀南徙也。圖，謀也。蜩，蟬也。鷽鳩，學飛之小鳩也。鷽或作鸒，音預，亦小鳥而已，兩字皆通。決起者，奮起而飛也。搶，突也。奮起而飛，欲突至於榆枋之上，不過丈尺之高，有時猶不能至，又投諸地。控，投也。言我所飛不過如此，且有不能，彼乃欲藉九萬里之風而南徙於天池。奚以，奚用也。此意謂淺見之人局量狹小，不知世界之大也。

適莽蒼者，三飡而反，腹猶果然；適百里者，宿舂糧；適千里者，三月聚糧。之二蟲又何知？小知不及大知，小年不及大年。奚以知其然也？朝菌不知晦朔，蟪蛄不知春秋，此小年也。楚之南有冥靈者，以五百歲爲春，五百歲爲秋。上古有大椿者，以八千歲爲春，八千歲爲秋。而彭祖乃今以久特聞，衆人匹之，不亦悲乎？

莽蒼者，一望之地，莽蒼然不見。我欲適之，一往一來，不過三飯，而腹猶果然。果，實也，食未盡消也，言其近也。將爲百里之往，則必隔宿舂擣糧米而去，非可三飡而已。爲千里之行，則須三月聚糧矣。此三句以人之行有遠有近，則所食亦有多有少，亦如人見有小大，則所志趣亦有遠近。又爲鵬與蜩、鳩之喻也，二蟲者，蜩、鳩也。言彼何足以知此，故曰又何知。小知不及大知，小年不及大年，此兩句又是文之一體，以小知大知一句結上鵬、鳩，又以小年大年一句生下一段譬喻。朝菌，大芝也，亦名日及。生於糞上，暮生，見日則死，彼但知有朝暮而已，安知有晦朔也？蟪蛄，寒蟬也，春生夏死，夏生秋死，不見四時之全，故曰小年。冥靈，木名也，大椿，亦木名也。此亦寓言，不必求其實。言冥靈之生一千年，方當一歲，大椿之生一萬六千年，方當一歲，彭祖僅年八百，至今乃以高壽特聞於世，衆人皆欲慕之而不及，亦是見小而不知大也。久，壽也。匹，慕而求似之也。

湯之問棘也是已。窮髮之北有冥海者，天池也。有魚焉，其廣數千里，未有知其修者，其名爲鯤。有鳥焉，其名爲鵬，背若太山，翼若垂天之雲，摶扶摇羊角而上者九萬里，絶雲氣，負青天，然後圖南，且適南冥也。斥鴳笑之曰：「彼且奚適也？我騰躍而上，不過數仞而下，翱翔蓬蒿之間，此亦飛之至也。而彼且奚適也？」此小大之辨也。

此段只是前段又翻説一箇證據，言向來湯曾問棘，卽此事也。棘，人名也。是已，卽是也。據此一句，合結在下，以結語爲起語，此其作文鼓舞處。窮髮，不毛也。扶摇，風勢也，羊角，亦風之屈曲勢也。摶，飛翔也。絶雲氣者，言九萬里之上更無雲氣。人言泰山絶頂，雲皆在山下，雷鳴如嬰兒聲然，今人亦言雲只在半天是也。圖南，且謀適南冥也，言謀爲南徙之計，而後往南海也。斥，小澤也。斥澤之鴳，小鳥也。飛之至者，言我翱翔蓬蒿之間，其飛如此，亦至樂矣，又何必他往哉。其意即與前段同。

故夫知效一官，行比一鄉，德合一君而徵一國者，其自視也，亦若此矣。而宋榮子猶然笑之。且舉世而譽之而不加勸，舉世而非之而不加沮，定乎内外之分，辨乎榮辱之境，斯已矣。彼其於世，未數數然也。雖然，猶有未樹也。夫列子御風而行，泠然善也，旬有五日而後反。彼於致福者，未數數然也。此雖免乎行，猶有所待者也。若夫乘天地之正，而御六氣之辯，以遊無窮者，彼且惡乎待哉？故曰：至人無己，神人無功，聖人無名。

知效一官，言其智能可以辦一職之事也。行比一鄉，言其德行可以比合一鄉而使人歸向也。德見知於一君，是爲遇合，而可以號召於一國，言主一國之事也。此三等人各以其所能爲自足，其自視亦如斥鴳之類。宋榮子，見之大者也。猶然，笑貌也。宋榮子之爲人，雖舉世毁之譽之，而不加勸沮，言不以爲意也，視彼一鄉一國之士，但見可笑。然宋榮子之所以能此者，何也？蓋知本心爲内，凡物爲外，故曰定内外之分。在外者則有榮辱，在内者則無榮辱，知有内外之分，則能辨榮辱皆外境矣。斯已矣者，言道理只如此也。彼既以本心爲重，外物爲輕，則豈肯汲汲然以世俗爲事？數數，汲汲也。雖然，宋榮子之能固如此，亦未有大樹立作家處。若列子者以身御風而行虚空之間，半月而後反，其御風之時，泠然而善，此形容其飄飄之貌也。泠然，飄然也；善，美也。彼既能乘風而行，又視修身以求福，汲汲然惟恐不及者，不足言矣。未數數者，言其未肯似他如此數數也。人之行也在地，列子之行也御風，此雖免乎行矣，而非風則不可，故曰猶有所待。若夫乘天地之正理，御陰、陽、風、雨、晦、明之六氣，以遊於無物之始而無所窮止，若此則無所待矣。此乃有迹無迹之分也。至於無迹，則謂之至人矣，謂之神人矣，謂之聖人矣。無己、無功、無名，皆言無迹也，特下三句，贊美之又贊美之也。

堯讓天下於許由曰：「日月出矣而爝火不息，其於光也，不亦難乎？時雨降矣而猶浸灌，其於澤也，不亦勞乎？夫子立而天下治，而我猶尸之，吾自視缺然。請致天下。」許由曰：「子治天下，天下既已治也，而我猶代子，吾將爲名乎？名者，實之賓也。吾將爲賓乎？鷦鷯巢於深林，不過一枝；偃鼠飲河，不過滿腹。歸休乎君，予無所用天下爲。庖人雖不治庖，尸祝不越樽俎而代之矣。」

爝火，炬火也。日月既明，何用把火？時雨既降，何用抱甕？堯謂許由立則天下自治，而必使我主此，我自見其不足，故以爝火、浸灌自喻也。尸者，主也。致天下者，言以天下歸之汝也。名不出於我，而出於人，則是在外者也，以名對實，則實爲主而名爲賓，吾不爲賓者，言吾不以外物自喪其身也。鷦鷯、偃鼠，許由自喻也，言其有以自足也。偃，伏也；偃鼠，潛伏之鼠也。歸休乎君，言君且歸去休，不必來訪我也。庖與尸祝其業不同，言我不能舍我之所樂以代汝，各守其所守，亦猶尸祝不肯違越，去其樽俎，而代庖人烹割也。

肩吾問於連叔曰：「吾聞言於接輿，大而無當，往而不反。吾驚怖其言，猶河漢而無極也。大有逕庭，不近人情焉。」連叔曰：「其言謂何哉？」曰：「『藐姑射之山有神人居焉，肌膚若冰雪，綽約若處子。不食五穀，吸風飲露。乘雲氣，御飛龍，而遊乎四海之外。其神凝，使物不疵癘而年穀熟。』吾以是狂而不信也。」連叔曰：「然。瞽者無以與乎文章之觀，聾者無以與乎鐘鼓之聲。豈惟形骸有聾瞽〔一〕哉？夫知亦有之。是其言也，猶時女也。之人也，之德也，將旁礴萬物，以爲一世蘄乎亂，孰弊弊焉以天下爲事？之人也，物莫之傷，大浸稽天而不溺，大旱金石流、土山焦而不熱。是其塵垢粃糠，將猶陶鑄堯舜者也，孰肯以物爲事？」

肩吾、連叔皆未必實有此人，此皆寓言，亦不必就名字上求義理，中間雖有一二亦可解説，而實不皆然也。無當者，無實也。往而不反者，謂其大言只説前去，而不回顧也。河漢，天河也，河漢無極，謂天河在天，不知其首尾之所極。逕音徑，庭音趂，逕庭只言疆界遥遠也。大有，甚有也。其言不近人情，言非世俗所常有也。藐姑射，山名也。冰雪，瑩潔也。所養者全，陽氣伏而不動，故凝然若冰雪，今之服氣道人亦有能爲此者。綽約者，柔媚可愛也；處子，處女也，則神全。不食以下四句，言其神妙也。其精神凝然而定，所居之地，百物自無疵癘之病，而年穀自熟。蓋接輿之言如此。狂與誑同，肩吾以其言爲欺誑而不可信也。曰然者，言固是如此也，汝固疑而不信也。文章之觀示，鐘鼓之音聲，人皆見之聞之，而瞽者聾者無預，此形骸之病也。豈惟形骸有此病，在心亦有此病，言其心無見識，猶聾瞽然，故不知此語，而以爲誑也。時，是也；女與汝同。前後解者皆以此時女爲處子，故牽彊不通。其意蓋謂如此言語豈是汝一等人能之。此等人，其爲德也，周游乎萬物之上，而世自治，彼豈肯弊弊然以治天下爲事？言其無爲無不爲也。蘄與祈同；亂者，治也。言一世之人自祈乎治，我但無爲而彼自治，我何用自勞？弊弊，自勞之意也。物莫之傷者，言外物不能動其本心也。稽，至也。水之大，可以至天，而斯人不溺；旱之甚，可使金石融流、土山焦枯，而彼亦不熱，言其無入而不自得也。塵垢、粃糠，緒餘也，謂此人推其緒餘，可以做成堯舜事業，豈肯以事物爲意？物者，事物也；爲事猶言從事也。陶鑄，做成之意也。據此一語，便是郭子玄所謂不經者，但其著書初意，正要鄙夷世俗之儒，故言語有過當處，不可以此議之。如李太白曰「堯舜之事不足驚」，「莫比夷齊事高潔」，〔二〕與此何異？

校注

〔一〕「瞽」，宋本、道藏本作「盲」。

〔二〕「堯舜之事不足驚」，李白懷仙歌：「一鶴東飛過滄海，放心散漫知何在？仙人浩歌望我來，應攀玉樹長相待。堯舜之事不足驚，自餘囂囂直可輕。巨鼇莫載三山去，我欲蓬萊頂上行。」「莫比夷齊事高潔」，李白梁園吟：「洪波浩蕩迷舊國，路遠西歸安可得？人生達命豈暇愁，且飲美酒登高樓。平頭奴子搖大扇，五月不熱疑清秋。玉盤楊梅爲君設，吳鹽如花皎白雪。持鹽把酒但飲之，莫學夷齊事高潔。」

宋人資章甫而適諸越，越人斷髮文身，無所用之。

章甫，冠也。越人既斷髮不用衣冠，宋人以此爲貨而往越，宜其無賣處也。莊子此言蓋謂其所言廣大，今世之人無非淺見，此言何所用，謂世不足與語此也。

堯治天下之民，平海内之政，往見四子藐姑射之山，汾水之陽，窅然喪其天下焉。

此章亦見廣而後知自陋之意。以堯之治天下，古今第一人矣，而於汾水之南見四子於藐姑射之山，猶且怳然自失，況他人乎？喪其天下，忘其天下也。窅然，茫茫之意也。四子既無名，或以爲許由、齧缺、王倪、被衣。〔一〕或曰山海經云藐姑射在寰海外，汾陽，堯都也，在堯之都而見姑射之神，即堯心也。一本，二迹，三非本非迹，四非非本迹也。〔二〕如此推尋，轉見迂誕，不知此正莊子滑稽處，如今人所謂斷頭話，正要學者如此揣摸。前後解者正落其圈禬中，何足以讀莊子？其實皆寓言也。大抵謂人各局於所見而不自知其迷者，必有大見識，方能自照破也。

校注

〔一〕或以爲四子爲許由等，陸德明經典釋文莊子音義上引司馬彪莊子注、李頤莊子集解：四子，王倪、齧缺、被衣、許由。

〔二〕在堯都見堯心云云，成玄英南華真經注疏：「四子者，四德也：一本，二迹，三非本非迹，四非非本迹也。言堯反照心源，洞見道境，超兹四句，故言往見四子也。」此實成玄英所主之「雙遣」、「重玄之道」。

惠子謂莊子曰：「魏王貽我大瓠之種，我樹之成而實五石，以盛水漿，其堅不能自舉也。剖之以爲瓢，則瓠落無所容。非不呺然大也，吾爲其無用而掊之。」莊子曰：「夫子固拙於用大矣。宋人有善爲不龜手之藥者，世世以洴澼絖爲事。客聞之，請買其方百金。聚族而謀曰：『我世世爲洴澼絖，不過數金；今一朝鬻技百金，請與之。』客得之，以説吴王。越有難，吴王使之將，冬與越人水戰，大敗越人，裂地而封之。能不龜手，一也；或以封，或不免於洴澼絖，則所用之異也。今子有五石之瓠，何不慮以爲大樽而浮乎江湖，而憂其瓠落無所容？則夫子猶有蓬之心也夫。」

瓠，可爲瓢者也。實，瓠之子也。一瓠之大，其子五石，則亦可盛五石之水矣。堅，重也。瓢，半匏也。瓠落，淺而大之貌也。掊，擊碎之也。不龜手者，言冬月用此藥而手不裂也。洴澼，打洗也。絖，絮也。以有此藥而爲人洗絮，數世以此爲業也。樽，浮水之壺也，以壺繫腰，乃可浮水，故曰中流失船，一壺千金。莊子既以不龜藥之事喻其不知所用，乃曰有此大瓠，何不思之以爲浮江之壺？慮，思也。何不慮者，言子之思何不及此也。蓬心，猶茅塞其心也。此段之意亦謂見小不能用大而已。

惠子謂莊子曰：「吾有大樹，人謂之樗。其大本擁腫而不中繩墨，其小枝卷曲而不中規矩，立之塗，匠者不顧。今子之言，大而無用，衆所同去也。」莊子曰：「子獨不見狸狌乎？卑身而伏，以候敖者，東西跳梁，不避高下，中於機辟，死於罔罟。今夫斄牛，其大若垂天之雲，此能爲大矣，而不能執鼠。今子有大樹，患其無用，何不樹之於無何有之鄉、廣莫之野，彷徨乎無爲其側，逍遥乎寢卧其下，不夭斤斧，物無害者，無所可用，安所困苦哉？」

樗，惡木之名也。大本，樹之身也。擁腫，盤結而瘰瘣也。不中繩墨規矩，言其不中用也。立之塗，近於道旁也。此惠子戲以喻莊子之大言無用也。狸狌，狐之類也。敖者，物之遊遨者也，伺候而欲食之。方其跳梁之時，不避高下，亦最小而桀黠者，一旦爲機網所中，遂殺其身。辟，法也，機辟，猶言機械也。斄牛，旄牛也，其牛至大而不能如狸狌之執鼠，此意蓋喻世間之物有大有小，各自不同，不可以大者皆爲無用也。無何有之鄉、廣莫之野，言造化自然，至道之中，自有可樂之地。役役人世，有福則有禍，若高飛遠舉，以道自樂，雖無所用於世，而禍害亦不及之，即退之所謂「刀鋸不加，理亂不聞」〔一〕也。故曰「不夭斤斧，物無害者，安所困苦哉」。惠子之問，莊子之答，如今人説〔二〕隱語然。後人就此機紬繹多少文字，其原實出於此。

校注

〔一〕退之之言，韓愈送李愿歸盤谷序：「愿之言曰：車服不維，刀鋸不加，理亂不知，黜陟不聞，大丈夫不遇於時者之所爲也，我則行之。」

〔二〕「説」，原作「听」，據宋本、道藏本改。

内篇齊物論第二

物論者，人物之論也，猶言衆論也。齊者，一也，欲合衆論而爲一也。戰國之世，學問不同，更相是非，故莊子以爲不若是非兩忘而歸之自然。此其立名之意也。天籟、地籟、人籟，就聲上起譬喻也。

南郭子綦隱几而坐，仰天而嘘，嗒焉似喪其耦。顔成子游立侍乎前，曰：「何居乎？形固可使如槁木，而心固可使如死灰乎？今之隱几者，非昔之隱几者也。」子綦曰：「偃，不亦善乎，而問之也。今者吾喪我，汝知之乎？

隱几者，凴几也。嗒然者，無心之貌也。喪其耦者，人皆以物我對立，此忘之也。槁木者，無生意也。死灰，心不起也。今之隱几者，言今日先生之隱几非若前此見人之隱几也。有我則有物，喪我，無我也，無我則無物矣。汝知之乎者，言汝知此理乎？吾即我也，不曰我喪我，而曰吾喪我，言人身中纔有一毫私心未化，則吾我之間亦有分别矣。吾喪我三字下得極好。洞山曰：「渠今不是我，我今正是渠。」〔二〕便是此等關竅。

校注

〔二〕洞山之言，景德傳燈録卷十五載洞山良价禪師過水偈：「切忌從他覓，迢迢與我疏。我今獨自往，處處得逢渠。渠今正是我，我今不是渠。應須恁麽會，方得契如如。」

汝聞人籟而未聞地籟，汝聞地籟而未聞天籟夫。」子游曰：「敢問其方。」子綦曰：「夫大塊噫氣，其名爲風。是唯無作，作則萬竅怒號。而獨不聞之翏翏乎？山林之畏隹，大木百圍之竅穴，似鼻，似口，似耳，似枅，似圈，似臼，似洼者，似污者。激者，謞者，叱者，吸者，叫者，譹者，宎者，咬者，前者唱于而隨者唱喁。泠風則小和，飄風則大和，厲風濟則衆竅爲虚。而獨不見之調調，之刁刁乎？」

子綦因子游一問，知其亦有造理之見，欲以天籟語之，遂如此發問也。方，道也，問此理果何如也。大塊，天地也，天地之間因何有風，亦猶人之噫氣也。是唯無作，言其不作則已也。作則萬竅怒號者，言纔動則滿世界皆是也。萬竅，萬木之竅也。翏翏乎，長風之聲也。畏音偉，隹音翠，上聲。畏隹者，林木摇動之貌。百圍，言木之大也，兩手相拏曰圍。上言萬竅，此但以一樹之大者言之，則其他可知，文法也。大木之竅穴，其形之不同，各有所似。枅，柱上方木斜而深者。圈，如桮圈之員者。洼，曲者。污，下者。此皆言其竅穴之形。自激者至咬者，言竅穴中之聲。于之聲輕，喁之聲重，言風之前去，其聲如唱于，隨其後而至者，則如唱喁，輕重相和也。泠風，小風也，風小則其相和之聲亦小。飄風，大風也，風大則其相和之聲亦大。厲風者，猛厲之風也。濟者，止也，風既止則衆竅之中向之爲聲者皆不聞矣，故曰爲虚。調調、刁刁，皆樹木爲風所摇動之形。前曰獨不聞，後曰獨不見，此一段文字之關鎖也。而，汝也。莊子之文好處極多，如此一段，又妙中之妙者，一部書中，此爲第一文字。非特莊子一部書中，合古今作者求之，亦無此一段文字。詩是有聲畫，謂其寫難狀之景也，何曾見畫得箇聲出？自激者至咬者八字，八聲也。于與喁，又是相和之聲也。天地間無形無影之風，可聞而不可見之聲，却就筆頭上畫得出，非南華老仙，安得這般手段？每讀之，真使人手舞足蹈而不知自已也。此段只是説地籟，却引説後段天籟，自是文勢如此。説者或謂此言地籟自然之聲，亦天籟也，固是如此，風非出於造化，出於何處？然看他文勢，説地籟且還他説地籟，庶見他血脉綱領。

子游曰：「地籟則衆竅是已，人籟則比竹是已。敢問天籟。」

比竹，笙簧之類也。人籟豈特比竹，金、石、絲、匏之類皆是，此特舉其一耳。前説地籟，後説天籟，却把人籟只一句斷送了，此亦是文法。讀莊子之文須如此仔細檢點，庶得箇入處。

子綦曰：「夫吹萬不同，而使其自己也，咸其自取，怒者其誰邪？」

吹萬，萬物之有聲者也，言萬物之有聲者，皆造物吹之。吹之者，造物也，而皆使其若自己出。吹字、使字，皆屬造物。自取者，自取於己也。咸其自取，言萬物皆以爲我所自能，而不知一氣之動誰實使之。氣發於内而爲言，遂下一怒字，與怒而飛同，亦屬造物。

大知閑閑，小知間間；大言炎炎，小言詹詹。

大知者，上知之人也。閑閑者，從容自得也。小知，小計較者也。間間者，言筭星筭兩自分别也。大言者，氣燄大者也。炎炎者，有光輝也。莊子之意，伊、周、孔、孟，皆在此一句内。小言者，小見識之人也。詹詹者，瞻前顧後也，百家之説、市井之談，皆在此一句内。此四句總説世間有此兩種人。知，理會事功者；言，理會學術議論者。

其寐也魂交，其覺也形開，與接爲構，日以心鬭。

既説上四句了，却就人身上發明。其寐也魂交，言夜則神集於其心也。其覺也形開，言晝則四體皆動用也。此兩句自帝王至庶人皆在内。構，合也。應於外者爲接，言人夜則安寢，平旦以來，遇合之間，便有應接。内役其心，如戰鬭然，日日如是，故曰與接爲構，日以心鬭，即孟子所謂「旦晝之所爲有梏亡之」〔二〕者。孟子説得便平善，被他如此造語，精神百倍，亦警動人。後之禪家，其言語多是此等意思。

校　注

〔一〕孟子之言，見孟子告子上。

縵者，窖者，密者，小恐惴惴，大恐縵縵。

縵者，有一種人做事縵怛怛地。又有一種人出着言語便有機穽，故曰窖。又有一種人思前筭後，不漏落一線路，故曰密。此皆言世之應物用心者，然皆不得自在，皆有憂苦畏懼之心，所謂「小人長戚戚」〔一〕是也。孔子則謂小人戚戚，莊子之意，則堯、舜、周、孔皆爲戚戚矣。事之小者則惴惴然而懼，故曰小恐惴惴。事之大者則憂深思遠，若失若疑，故曰大恐縵縵。

校　注

〔一〕「小人長戚戚」，論語述而：「君子坦蕩蕩，小人長戚戚。」

其發若機括，其司是非之謂也。其留如詛盟，其守勝之謂也。其殺如秋冬，以言其日消也。其溺之所爲之，不可使復之也。其厭也如緘，以言其老洫也。近死之心，莫使復陽也。喜怒哀樂，慮歎變慹，姚佚啓態，樂出虛，蒸成菌。

其議論是非，各有所主，若射者之謀中的然，故曰其發若機括，謂一語不虛發也。司，主也。好勝之心自守不化，留戀於胸次，若與人有詛盟然。用心憂勞，日銷月鑠，謂其内自苦也。物生於春夏，殺於秋冬，憔悴之時也，故以爲日消之喻。此三句，下是意，上是譬喻，却如此下語。意有所溺，一去而不可回，故曰溺之所爲之。上之字，助語也；下之字，往也。不可使復之也，此之字亦訓往，言不可復挽回也。其爲物慾所厭没，如被緘縢然，至老而不可救拔，故曰老洫。洫者，謂其如墜於溝壑也。此等人，身雖生而心已若死者矣，故曰近死，謂其胸中無知也。陽，生也，言其心已死，不復活也。此以上形容世俗之用心。喜怒以下十二字，又形容其狀貌，謂其在内者如此，故其見於外也，或喜或怒，或哀或樂，時乎憂慮，時乎嗟嘆，時乎變換意態，如此不得，又欲如彼。慹者，憂疑而不動之貌；姚，央庠之貌；佚，縱逸也；啓，開放不收斂之貌；態，做模打樣也。其人雖如此，實皆不自由，如樂之出於虛，如氣之蒸成菌。言許多種人皆是造物使之，便是吹萬如此。説造物處又不謂自然而然，言人不能以道自持，則做出許多醜差，皆若鬼神使之然。讀莊子者，却要如此體認得子細。

日夜相代乎前，而莫知其所萌。已乎，已乎。旦暮得此，其所由以生乎？非彼無我，非我無所取。是亦近矣，而不知其所爲使。若有真宰，而特不得其朕。可行已信，而不見其形，有情而無形。

日夜相代乎前，造物之往來者也。莫知所萌，言不見其所起之處也。已乎已乎，猶今人言是了是了，意謂所萌之地雖不可知，然旦暮之間，不過得此而已。此者，造物也。這一此字甚重，不是輕下。非彼無我這彼字，却是上面此字，言非造物則我不能如此。然造物之所爲，必因人身而後見，故曰非我無所取。如此説得來，雖若近而可見矣，然其所爲見使於造物者，人實不知之，故曰是亦近矣，而不知其所爲使。真宰，造物也。若有者，似若有之，而不敢以爲實有也。朕，萌芽之地也，不得其朕，卽莫知其所萌也。可行者，言天行之可見者也。已信者，甚實也，造物之所行，信乎有之。而但不見其形，卽莫知其所爲使也。有情，言有實也，卽已信也；無形，卽不見其形也。自日夜相代以下，皆言造物之所爲，雖在面前而人不可見，反反覆覆，紬繹許多語句，辭甚切而意甚至，蓋欲人於此着意自檢點也。

百骸、九竅、六藏，賅而存焉，吾誰與爲親？汝皆悦之乎？其有私焉？如是皆有爲臣妾乎？其臣妾不足以相治乎？其遞相爲君臣乎？其有真君存焉。如求得其情與不得，無益損乎其真。

百骸、九竅、六藏，卽人一身之所有者也，此以下又就人身上發明一段，更是奇特。賅者，備也；存，在也。言人之一身備此而皆在也。吾誰與爲親者，言吾所獨親者誰乎？這一親字下得極有理。且如人身，或有病在手，爲其所苦，則方病之時，手乃爲身之讎也，六根〔一〕皆然。汝皆悦之乎者，言六根之中，皆喜之乎？亦有所私喜乎？且其在身之用，何者爲貴？何者爲賤？如頭痒而手搔，則手者頭之役；望遠而足行，則足者目之役。役者，臣妾也。然而不足以相治者，手、足、耳、目、鼻、舌互相爲用也。受役者爲臣，役之者爲君，足時乎而用手，手時乎而用足，故曰遞相爲君臣。百骸、九竅、六藏之君臣既不可得而定名，則心者身之主也，其以心爲君乎？心又不能以自主，而主之者造物，則造物爲真君矣，故曰其有真君存焉。我雖如此推求，欲見到實處，然見得與見不得，其所謂君者，初何加損乎？情，實也，故曰如求得其情與不得，無益損乎其真。

校　注

〔一〕「六根」，佛學指眼、耳、鼻、舌、身、意具有能取相應之六境，生長相應之六識的六種功能爲六根。

一受其成形，不亡以待盡，與物相刃相靡，其行盡如馳，而莫之能止，不亦悲乎？終身役役而不見其成功，薾然疲役而不知其所歸，可不哀邪？人謂之不死，奚益？其形化，其心與之然，可不謂大哀乎？人之生也，固若是芒乎？其我獨芒而人亦有不芒者乎？

大抵人之形體，非我自有，必有所受者。既受此形於造物，則造物與我相守不亡，以待此形之歸盡而後已。而人不能一順乎造物，乃爲外物所汩，與之或逆或順，以此而行，盡其一生，如駒過隙，不能以一息自寧，故曰行盡如馳，而莫之能止。相刃，相逆也。相靡，相隨，汩没之意。終身役役，言自苦也。不見其成功，言無益也，「採得百花成蜜後，不知辛苦爲誰甜」〔一〕即此意也。薾然疲役，又形容其役役勞苦之狀，不知其所歸，不知何日可休歇也。人生之自勞如此，壽雖百年亦何益？故曰不死奚益。其形化者，從衰得白，從白得老也。年彌高而德彌卲，則是形化而心不化。在我既無見識，徒以心爲形役，形衰而心亦疲矣，故曰其心與之然。芒，芒然無見識也。彼愚惑之人亦當回首自思曰：凡人之生，其胸中本若是昧然無見乎？豈我獨昧而人亦有不昧者？此意蓋謂「天生蒸民，有物有則，民之秉彝，好是懿德」〔二〕。天理未嘗不明，汝以人欲自昏，故至於此，知道之人豈如此芒昧乎？此所謂「金篦括膜〔三〕，要汝開眼」也。

校注

〔一〕「採得百花成蜜後」二句，見唐羅隱蜂詩。「不知」或作「爲誰」。

〔二〕「人生蒸民」四句，見詩烝民。

〔三〕「金篦括膜」，大般涅槃經卷八如來性品：「佛言：善男子，如有盲人爲治目故，造詣良醫，是時良醫卽以金錍決其眼膜。」

夫隨其成心而師之，誰獨且無師乎？奚必知代而心自取者有之？愚者與有焉。未成乎心而有是非，是今日適越而昔至也。是以無有爲有。無有爲有，雖有神禹，且不能知，吾獨且奈何哉？

成心者，人人皆有此心，天理渾然而無不備者也。言汝之生，皆有見成一箇天理，若能以此爲師，則誰獨無之？非惟賢者有此，愚者亦有之。知代，古賢者之稱也。代，變化也，言其知變化之理也。心自取者，言其心有所見也。若此心未能見此渾然之理，而強立是非之論，是者自是，而不知其理之本然，譬如今日方始適越，而謂昔日已至之矣，天下寧有是理哉？此謂強其不知以爲知也。如此則是本無所見，而強以爲有。既以無所見而自以爲有所見，雖使古聖人復出，於汝亦不可曉，他人又奈汝何哉？神禹，卽禹也，借以爲古聖人之稱也。

夫言非吹也，言者有言，其所言者特未定也。果有言邪？其未嘗有言邪？其以爲異於鷇音，亦有辯乎？其無辯乎？

此篇本爲齊物論是非而作，前既發爲三籟之論，謂天地之間，凡有聲者皆出於造物，却又引而伸之，演説人身皆爲造物所使，紬繹發越至成心處而後住，自此以下却説是非之論。風之於竅，比竹之聲，吹萬不同，皆聲而已。聲成文而後謂之言，言則非吹比也。所謂言者，皆各言其意也，故曰言者有言，此四字便是是非之論。其所言者特未定也，謂汝雖有此言，其出於汝邪？其出於造物邪？故曰未定。其言果汝之言邪？其在汝者未嘗有此言，而爲造物所使遂爲此言邪？鷇者，鳥之初出卵者也。鷇之爲音，未有所知，汝之有言，亦不自知，若以爲異於鷇音，則實不能自異，則以爲與鷇音有分辯乎？無分辯乎？言其實一同，不可得而分辯也。

道惡乎隱而有真僞？言惡乎隱而有是非？道惡乎往而不存？言惡乎存而不可？道隱於小成，言隱於榮華。故有儒、墨之是非，以是其所非而非其所是，欲是其所非而非其所是，則莫若以明。物無非彼，物無非是。自彼則不見，自知則知之。故曰彼出於是，是亦因彼。

道本無真僞，不知道因何而隱晦，故有此真僞。至言本無是非，不知因何而隱晦，故有此是非之論。惡乎往而不存者，謂大小精粗，是道無乎不在也。惡乎存而不可者，謂是是非非皆可也。小成，小見也，一偏之見也，因人之偏見而後此道晦而不明。榮華者，自相誇詡以求名譽也。偏見之言自相誇詡，則至言隱矣。自是而後，始有儒、墨相是非之論，人之所非，我以爲是，彼之所是，我以爲非，安得而一定？若欲一定是非，則須是歸之自然之天理方可。明者，天理也，故曰莫若以明。物無非彼者，言以我爲是，則以彼爲非也。物無非是者，言我以爲是，則人以爲非也。在彼之説，我則不爲之見察；在我知者，則自知之。物我不對立，則無是無非，因物我之對立，而後有是有非，故曰彼出於是，是亦因彼。

彼是，方生之説也，雖然，方生方死，方死方生；方可方不可，方不可方可；因是因非，因非因是。是以聖人不由，而照之于天，亦因是也。

有彼有是，止〔一〕與方生之説同，此是撰出一箇方生字來做譬喻。蓋生必有死，二者不可相離，若只説生而不説死，是見得一邊而已。雖然，汝雖見得一邊，據道理來，他自相離不得。如生則必有死，死則必有生，纔有箇可，便有箇不可，纔有箇不可，便有箇可，如何離得？既知其説之不可離，則不若因其所是而是之，因其所非而非之。古之聖人所以不用一偏之見，而照之以天理者，卽因其是而已矣。前説因是因非，此又只言因是，省文也。

校注

〔一〕「止」，疑當作「正」。

是亦彼也，彼亦是也，彼亦一是非，此亦一是非，果且有彼是乎哉？果且無彼是乎哉？彼是莫得其偶，謂之道樞。樞始得其環中，以應無窮。是亦一無窮，非亦一無窮也。故曰莫若以明。

若以是非而論，則他之説一是非也，我之説又一是非也，我與他又何以異汝？雖分爲人我，其實分不得，故曰果且有彼是乎哉？果且無彼是乎哉？言彼與我皆無也。偶者，對也，若使彼之與我不對而立，混人己而一之，則爲道之樞要矣。環之中必虛，我得道之樞要，則方始如環中然，如環之中，則無始無終而無窮矣。是亦無窮，非亦無窮者，言聽其自然也。如此則爲自然之天理，故曰莫若以明，舉前一句以結此段也。

以指喻指之非指，不若以非指喻指之非指也。以馬喻馬之非馬，不若以非馬喻馬之非馬也。天地一指也，萬物一馬也。

指，手指也。以我之指爲指，則以人之指爲非，彼非指之人又以我指爲非。若但以我而非彼，不若就他身上思量，他又非我，物我對立，則是非不可定也。馬〔一〕，博塞之籌也，見禮記投壺篇下。馬有多寡，博者之相是非亦然。若以此理而喻之，則天職覆，地職載，亦皆可以一偏而相非矣。萬物之不同，飛者、走者、動者、植者，亦若籌馬之不同，亦可以一偏而相非矣。此蓋言世間無是非也，只緣有彼我，則有是非，終不成天地亦可以彼我分乎？此皆譬物論之不可不齊也。

校注

〔一〕「馬」，禮記投壺：「請爲勝者立馬，一馬從二馬，三馬既立，請慶多馬。」馬，古計算用的籌。

可乎可，不可乎不可。道行之而成，物謂之而然。惡乎然？然於然。惡乎不然？不然於不然。物固有所然，物固有所可。無物不然，無物不可。

可者可之，不可者不可之，故曰可乎可，不可乎不可。道無精粗，行之卽成。皆自然也，謂之而然，説底便是也。我何所然乎？因其然者而然之。我何所不然乎？因其不然者而不然之。物固有所然者，固，本來也，言物物身上本來自有一箇是底，故曰固有所然，固有所可。既有所然有所可，則物物皆如是也，故曰無物不然，無物不可。

故爲是舉莛與楹，厲與西施，恢恑憰怪，道通爲一。

莛，屋梁也。楹，屋柱也。梁横而柱直，厲惡而施美，恢大之與褊狹，詭變之與循常，譎詐之與平直，妖怪之與祥瑞，皆不同者也。以道觀之，則横直者各當其用，美惡者各全其質，皆可通而爲一矣，言皆歸之造物也。

其分也，成也；其成也，毁也。凡物無成與毁，復通爲一。

成毁，物之相戾者也，然無毁則無成，無成則無毁。譬如木之在山，伐而用之，毁也，以之作室，則爲成物矣。譬如用藥，㕮之咀之，分也，合而和之，可以成藥。有筋有角，而後成弓，在弓則爲成，在筋角則爲毁。秦不亡則漢不興，漢雖成而秦則毁。以此觀之，初無成也，亦無毁也，故曰復通爲一。

唯達者知通爲一，爲是不用而寓諸庸。庸也者，用也；用也者，通也；通也者，得也；適得而幾矣。因是已。已而不知其然，謂之道。

唯達道者知此理之爲一，則去其是者不用之而寓諸庸之中。以常爲用，而隨用皆通，通則自得矣，故曰庸也者，用也；用也者，通也；通也者，得也；適得而幾矣。幾，盡也。此亦無他，不過因是而無是非之爭，如此而已。惟至於不知其然而循其自然，此則謂之道也。以下句已字粘上句已字，此是其筆端游戲作文處。

勞神明爲一而不知其同也，謂之朝三。何謂朝三？曰：狙公賦芧，曰：「朝三而暮四。」衆狙皆怒。曰：「然則朝四而暮三。」衆狙皆悦。名實未虧而喜怒爲用，亦因是也。是以聖人和之以是非而休乎天均，是之謂兩行。

神明，猶精神也。勞苦精神自爲一偏之説，強相是非而不知理本同者，謂之朝三。此亦是做兩字設譬喻起，與方生一樣文法。芧，山栗也，一名橡子。名三與四也，實通七數也，名實未嘗變，但移易朝暮，而衆狙喜怒隨之。此喻是非之名雖異，而理之實則同，但能因是，則世自無爭矣。洪野處[一]云列子勝於莊子。如此譬喻，二書皆同，[二]但把字數添減處看，便見列子勝不得莊子。和之以是非者，和其是非而歸之一也。天均者，均平而無彼此也。兩行者，隨其是非，而使之並行也。

校注

〔一〕「洪野處」，洪邁，南宋文學家，字景盧，別號野處。

〔二〕「如此譬喻，二書皆同」，列子黄帝第二：「宋有狙公者，愛狙，養之成羣。能解狙之意，狙亦得公之心，損其家口充狙之欲。俄而匱焉，將限其食，恐衆狙之不馴於己也，先誑之曰：『與若芧，朝三而暮四，足乎？』衆狙皆起而怒。俄而曰：『與若芧，朝四而暮三，足乎？』衆狙皆伏而喜。」

古之人，其知有所至矣。惡乎至？有以爲未始有物者，至矣，盡矣，不可以加矣。其次以爲有物矣，而未始有封也。其次以爲有封焉，而未始有是非也。是非之彰也，道之所以虧也。道之所以虧，愛之所以成。果且有成與虧乎哉？果且無成與虧乎哉？

未始有物者，太極之先也。古之人者，言古之知道者。自無物之始看起來，則天下之理極矣。其次爲有物，是無極而太極也。自有物而有封，是太極分而爲兩儀也，〔一〕兩儀雖分，覆載異職，各隨〔二〕其理，何嘗有所是非？是非起於人心之私。彰，露也。私心既露，則自然之道虧喪矣。道既虧，則有好有惡，在我則愛，而在物則惡，佛氏所謂愛河〔三〕是也。虧其道而溺於愛，此自人心之私，然以造物觀之，何嘗有所成虧？故曰果且有成與虧乎哉？果且無成與虧乎哉？此言人世是非之爭，到了皆歸之空也。此一段固是自天地之初説來，然會此理者，眼前便是。且如一念未起，便是未始有物之時。此念既起，便是有物。因此念而後有物我，便是有封。因物我而有好、惡、喜、怒、哀、樂，便是有是有非。未能回思悉念未起之時，則但見胸次膠擾，便是道虧而愛成；及此念一過，依然無事，便見得何嘗有成有虧。莊子之言若迂闊，若能如此體認，則皆是切身受用之事。

校注

〔一〕「無極而太極」，「太極分而爲兩儀」，北宋理學家周敦頤太極圖説：「無極而太極。太極動而生陽，動極而靜，靜而生陰。靜極復動。一動一靜，互爲其根。分陰分陽，兩儀立焉。陽變陰合，而生水、火、木、金、土。五氣順布，四時行焉。」

〔二〕「隨」，宋本、道藏本作「循」。

〔三〕「愛河」，佛學術語，貪愛之心執著於物而不離，如水浸染於物，故以河水譬之。楞嚴經卷四曰：「愛河枯乾，令汝解脱。」

有成與虧，故昭氏之鼓琴也；無成與虧，故昭氏之不鼓琴也。昭文之鼓琴也，師曠之枝策也，惠子之據梧也，三子之知幾乎，皆其盛者也，故載之末年。惟其好之也，以異於彼，其好之也，欲以明之。彼非所明而明之，故以堅白之昧終。而其子又以文之綸終，終身無成。若是而可謂成乎？雖我亦成也。若是而不可謂成乎？物與我無成也。是故滑疑之耀，聖人之所圖也。爲是不用而寓諸庸，此之謂以明。

既説成虧之理，却以鼓琴喻之，最爲親切。且如有琴於此，用而鼓之，則一操之曲自有終始。此終始生於既鼓之後，若不鼓則安有終始哉？如人一念若不起，則亦無有物我之同異也。昭，姓也，名文，古之善鼓琴者。師曠，樂師也。策，擊樂器之物也，今馬鞭亦曰策，左傳「繞朝贈之以策」〔一〕，羊曇以策擊西州門〔二〕，皆馬策也。枝，猶持也，持而擊曰枝，此二字想古語有之。師曠枝策，即言師曠擊樂器也。據梧，以梧爲几而凭之，故曰據梧。因上言鼓琴，遂引説二子，言三子之技皆精。幾，盡也，言其智於此技極其盡也。技精而有盛名於世，故曰皆其盛者也。載，事也，末年，晚年也，言從事於此終其身也。三子之好，自以爲異於天下之人，故曰唯其好之也，以異於彼。三子既自好之，又欲誇説於人，故曰其好之也，欲以明之。我雖如此誇説，而所聽之人本自不〔三〕曉，乃強〔四〕以此曉之，故曰彼非所明而明之。如惠子之強辯，自愚也，而以終其身。堅白本公孫龍之事，莊子却以爲惠子，但借其分辯堅白之名耳。昧，自愚也。上言三子，此但以惠子之辯爲結，亦是文法也。堅白，注家以爲堅石、白馬之辨，蓋曰堅則爲石，言石不必言堅，白則爲馬，言白不必言馬，亦猶「黄馬驪牛三」也。史記蘇秦傳注又曰：龍泉水淬刀劍特[五]堅利，故有堅白之論曰：黄所以爲堅，白所以爲利。齊辯之曰：白所以爲不堅，黄所以爲不利。二説雖殊，皆辯者之事爾。昭文既以鼓琴終其身，而昭文之子又傳文之緒業，亦終其身。綸，緒業也。上言惠子，下句又以昭文之子結，此是筆端鼓舞處。終身無成者，言只他一人自會，教别人不得，故曰無成。凡天下之事，若只據其所能而可以爲了當，則我之現前所能者謂之了當亦可也；若據此現前者未爲了當，則凡天下之人與我，皆不得謂之了當。成，猶言了當也。此兩句雖是結上三子之技，然其意甚廣，蓋所言三子之技，亦是譬喻物論是非，非專説三子也。滑疑，言不分不曉也，滑亂而可疑，似明而不明也。耀，明也。聖人之心其所主者未嘗着迹，故其所見之處若有若無。圖，欲也，言聖人之所欲者如此也。所以去其是不用，而寓諸尋常之中，此之謂以明。自物無非彼以下至非亦一無窮也，既解以明二字；自以指喻指以下至適得而幾矣，又解因是二字；却直至此處，又以此之謂以明結之。文勢起伏，縱横變化，綱領自是分曉。僕嘗謂齊物論自首至尾，只是一片文字，子細看他下字，血脉便見。

校注

〔一〕「左傳『繞朝贈之以策』」，左傳文公十三年，士會將使晉，「繞朝贈之以策」。

〔二〕「羊曇以策擊西州門」，晉書卷七十九謝安傳。
〔三〕「不」，原作「分」，據宋本改。
〔四〕「強」下，宋本、道藏本有一「欲」字。
〔五〕「特」，原作「時」，宋本、道藏本俱同，據史記卷六十九蘇秦傳司馬貞索隱改。

今且有言於此，不知其與是類乎？其與是不類乎？類與不類，相與爲類，則與彼無以異矣。

此段又自「爲是不用」一句中「是」字生來，故曰與是類乎？與是不類乎？此便是他下字血脉。前言言非吹也，到此換頭又喝起今且有言於此一句，亦是他前後血脉。以其類者與其不類者易地而看，則見類與不類皆相類矣，其意蓋曰把他做我看，把我做他看，則見我與他一般，故曰與彼無以異矣。此便是以指喻指、以馬喻馬之意。

雖然，請嘗言之。有始也者，有未始有始也者，有未始有夫未始有始也者。有有也者，有無也者，有未始有無也者，有未始有夫未始有無也者。俄而有無矣，而未知有無之果孰有孰無也。今我則已有謂矣，而未知吾所謂之其果有謂乎，其果無謂乎？

莊子之文纔下，雖然作一轉處，其語皆妙。其意蓋謂雖云無是無非，亦且說一說，故曰請嘗言之。

始，太極也；未始有始，無極也。未始有夫未始有始，此無極之上又一層也。有，有物也。此有之生必自無而始，故曰有無也者。無字之上，又有未始有無，卽無極之上一層也。列子所謂有太質，有太素，有太初，〔一〕亦是此意。當初本無箇有，不特無箇有，亦無箇無，忽然有箇無，則必是生出一箇有。如此推明其意，蓋謂其初本來無物，因有我而後有物我，因有物我而後有是非。大意不過如此，却恁地發明，果是高妙。據此處合曰俄而有有矣，今不曰俄而有有，而曰俄而有無，此皆其筆端入妙處。這箇無字，雖是有了，果是喚作無得否？故曰未知有無之果孰有孰無也。此箇無字，雖未可知，然既喚作無字，便是有無之名矣，故曰今我則已有謂矣。然我雖有此言，謂卽言也，然不知此言果可謂有邪，果可謂無邪？此與㲉音處同。

校注

〔一〕列子之言，列子天瑞第一：「故曰：有太易，有太初，有太始，有太素。太易者，未見氣也；太初者，氣之始也；太始者，形之始也；太素者，質之始也。」

天下莫大於秋毫之末，而泰山爲小；莫壽乎殤子，而彭祖爲夭。天地與我並生，而萬物與我爲一。既已爲一矣，且得有言乎？既已謂之一矣，且得無言乎？一與言爲二，二與一爲三，自此以往，巧歷不能得，而況其凡乎？故自無適有以至於三，而況自有適有乎？無適焉，因是已。

此兩句雖是設喻，以明是非有無之理，然此語極天下之至理。前乎莊子，未有此言也，後乎莊子，亦未有此言也，可謂千百年獨到之論。秋毫之末，至小也，而謂之莫大；太山，至大也，而謂之爲小。其意蓋謂既名曰秋毫，纔大些箇，便不可以秋毫名之矣，太山纔小些箇，便不名爲太山矣。若以太山爲大，天地更大，故太山謂之小亦可。殤子爲名，則是極殤子之數矣，更多些箇，則不名殤子矣。彭祖雖曰至壽，比之天地，彭祖爲夭矣。此兩句細看得出，便是若是而可謂成乎，雖我亦成也，若是而不可謂成乎，物與我無成也。若人會如此看，則大而天地與我並生於太虛之間，天地亦不得爲大，而萬物又與我並生於天地之間，雖一草一木、一禽一蟲，亦與我相類，故曰天地與我並生，萬物與我爲一。說了箇一字，却就此一字粘起，曰既爲一矣，且得有言乎？意謂既是混然爲一，則和箇一字亦不當有，今既有一字矣，則安得謂之無乎？以混然之一與此名一之言，自是兩箇，故曰一與言爲二。既有此二矣，又有一與言爲二一句，則成三箇矣。自此三箇但管生將去，自千而萬，自萬而兆，直至巧於曆者亦筭不盡，而況凡常人乎？若如此看得來，當初因箇無字引起，遂至於有，自有而一，自一而二，自二而三，已自如此，言之不已，何況更自有而生有乎？以此而觀，則惟無適爲是。何以謂之無適？卽因是而已。自箇是字說來，到這裏又結一結。

夫道未始有封，言未始有常，爲是而有畛也。請言其畛：有左，有右，有倫，有義，有分，有辯，有競，有爭，此之謂八德。

此段又自是字上生起。有封，卽有彼我也。有常，有主也。至道、至言本無彼此，因人心之私有箇是字，故生出許多疆界。畛，疆界也。八德之名，只是物我對立之意，却鼓舞其文，做出四句。左右，彼此對立之名也。倫，理也；義，事宜也。纔有彼此對立，則説理説事各有主意也。分，分析也；辯，辯别也。分、辯皆同，但字有輕重。纔有主意，則各自分析辯别也。競、爭亦一意，但競則甚於爭爾。既有分辯，則大者必競，小者必爭也。看此等文字，卽就字義上畧擺撥得伶俐便自好，若道倫又如何，義又如何，分又如何，辯又如何，爭又如何，競又如何，便非莊子之意矣。且倫字、義字、分字、辯字、競字、爭字，本無甚分别，如何名以八德？看得他文字破，不被他鼓舞處籠罩了，方是讀得莊子好，雖使〔一〕莊子復生，亦必道還汝具一隻眼。

六合之外，聖人存而不論；六合之內，聖人論而不議。春秋，經世先王之志，聖人議而不辯。故分也者，有不分也；辯也者，有不辯也。曰：何也？聖人懷之，衆人辯之以相示也。故曰辯也者，有不見也。

上面既説了彼我是非，到這數句又别生箇説話來，發明此老胸中多少玲瓏，多少快活。六合之外，天地之外也；存而不論，卽釋氏所謂四維上下不可思量〔二〕也。六合之內，宇宙之間也。宇宙之間合有許多道理，聖人何嘗不説，但不立此議以强天下之知。春秋，史書之名也，此一句又是既有君臣上下，凡見於史册者，皆是先王經世之意。聖人豈容不立此議，而何嘗與世人争較是非？蓋天下之理，惟其不言，則爲至言；纔到分辯處，便是爾胸中自見得不透徹也。故曰分也者，有不分也；辯也者，有不辯也。到這裏又自發一箇「何也」之問。懷之者，退藏於密〔三〕之意也。聖人於此卷而懷之〔四〕，衆人於此則必辯而明之，以相誇示。纔有分辯，便是無見識處，故曰有不見也。

校注

〔一〕「使」，原作「是」，據宋本、道藏本改。

〔二〕「四維上下不可思量」，佛學稱東西南北四方之中間曰四維。無量壽經曰：「照東方恒沙佛刹，南西北方，四維上下，亦復如是。」佛刹，佛土。恒沙，恒河沙，無法計數之意。

〔三〕「退藏於密」，易繫辭上：「六爻之義易以貢，聖人以此洗心，退藏於密。」

〔四〕「卷而懷之」，論語衛靈公：「君子哉蘧伯玉。邦有道，則仕；邦無道，則可卷而懷之。」

夫大道不稱，大辯不言，大仁不仁，大廉不嗛，大勇不忮。道昭而不道，言辯而不及，仁常而不成，廉清而不信，勇忮而不成。五者园而幾向方矣，故知止其所不知，至矣。孰知不言之辯、不道之道？若有能知，此之謂天府。注焉而不滿，酌焉而不竭，而不知其所由來，此之謂葆光。

對立者曰稱，謂之大道，則無對立者矣。不言之中自有至言，故曰大辯不言。無仁之迹而後爲大仁。嗛，滿也，猴藏物曰嗛。以廉爲廉，則有自滿之意。國語曰「嗛嗛之德，不足就也」〔一〕，言其自小，卽此嗛字。清畏人知，清畏人不知，皆不得爲大廉矣。不忮者，不見其用勇之迹也。既説此五句，下面又再解一轉。昭者，明也，道不可以指名，昭然而指名，則非道矣，故曰不道。言而形諸辯，則是自有見不及處矣。常者，可見之迹也，有可見之迹，則非仁之大成矣。廉而至於有自潔之意，則不誠實矣。清，自潔意也；信，實也。勇而見於忮，則必喪其勇矣。园，圓也，言此以上五者皆是箇圓物，謂其本混成也，若稍有迹，則近於四方之物矣，謂其有圭角也。幾，近也，向字與於字同意。天下之真知必至於不知爲知而止，則爲知之至矣。不知之知，便是不言之辯，便是不道之道。若人有能知此，則可以見天理之所會矣，故曰此之謂天府。天府者，天理之所會也。天理之所會，欲益之而不能益，故曰注焉而不滿；欲損之而不能損，故曰酌焉而不竭。至理之妙，無終無始，故曰不知其所由來。葆光者，滑疑之耀也。葆，藏也，藏其光而不露，故曰葆光。

校注

〔一〕國語二句，國語晉語：「嗛嗛之德，不足就也。」韋昭注：「嗛嗛，猶小小也。」

故昔者堯問於舜曰：「我欲伐宗、膾、胥敖，南面而不釋然。其故何也？」舜曰：「夫三子者，猶存乎蓬艾之間。若不釋然，何哉？昔者十日並出，萬物皆照，而況德之進乎日者乎？」

昔者上着一故字，便是因上文而引證也。宗、膾、胥敖之事，無經見，亦寓言耳。不釋然者，不悦也。蓬艾之間，喻其物慾障蔽，而不知有天地也。謂彼之三國，物慾自蔽，未能向化，而我纔有不悦之心，則物我亦對立矣。十日並出〔一〕，亦見淮南子，此蓋莊子寓言，淮南子又因之而粧撰也。言日於萬物無所不照，況我之德猶勝於日，而不能容此三子者乎？此意蓋喻物我是非，聖人所以寘之不辯者，照之以天也。十日之説，卽莫若以明之喻也。

校注

〔一〕「十日並出」，淮南子墬形訓：「若木在建木西，末有十日，其華照下地。」兵略訓：「武王伐紂」，「當戰之時，十日亂於上，風雨擊於中」。

齧缺問乎王倪曰：「子知物之所同是乎？」曰：「吾惡乎知之？」「子知子之所不知邪？」曰：「吾惡乎知之？」「然則物無知邪？」曰：「吾惡乎知之？雖然，嘗試言之。庸詎知吾所謂知之非不知邪？庸詎知吾所謂不知之非知耶？

此段又自知止其所不知上生來，又自前頭是字上引來，所以道一篇只是一片文字。齧缺同是之問，王倪不知之對，便卽是知止其所不知。但如此撰造名字，鼓舞發揮，此所以爲莊子也。既曰吾惡乎知之，又曰雖然，嘗試言之，此皆轉換妙處。知之非不知，不知之非知，此兩句發得知止其所不知又妙，其意蓋謂不知便是真知也。

且吾嘗試問乎汝：民溼寢則腰疾偏死，鰌然乎哉？木處則惴慄恂懼，猨猴然乎哉？三者孰知正處？民食芻豢，麋鹿食薦，蝍蛆甘帶，鴟鴉耆鼠，四者孰知正味？猨，猵狙以爲雌，麋與鹿交，鰌與魚游。毛嬙、麗姬，人之所美也，魚見之深入，鳥見之高飛，麋鹿見之決驟。四者孰知天下之正色哉？自我觀之，仁義之端，是非之塗，樊然殽亂，吾惡能知其辯？」

且吾嘗試問乎汝者，又爲發端之語也。鰌安乎水，猿猴安乎木，人豈能處此？既各安其所安，而皆不能安其所不安，則是三者所處皆非正也，豈得以人異乎猿鰌哉？芻，草木之食；豢，肉味之食也。薦，草也。帶，蛇也。麋鹿則食草，蝍蛆則食蛇，鴟鴉則食鼠，人則食芻豢，所嗜好甘美皆不同，則四者之味孰爲正哉？猵狙，獦牂也，猵狙以猿爲雌。麋、鹿一類物也，鰌與魚非二物，卽如此下語。此一段雌雄之喻，却就毛嬙、麗姬發此三句，言人之悅好色者，其與禽魚何異？我之視猿鹿，亦猶猿鹿之視我，然四者之於色，孰爲正乎？決，猛也；驟，走也。此三節皆爲是非物我之喻，故結之曰，自我觀之，仁義之分，是非之論，紛然而淆亂，亦猶處味色之不同，又安可得而辯？樊然，紛然也；殽，雜也。

齧缺曰：「子不知利害，則至人固不知利害乎？」王倪曰：「至人神矣。大澤焚而不能熱，河漢沍而不能寒，疾雷破山、風振海而不能驚。若然者，乘雲氣，騎日月，而遊乎四海之外。死生無變於己，而况利害之端乎？」

王倪卽至人也。神矣者，言其妙萬物而無迹也，不熱、不寒、不驚，卽游心於無物之始也。死生之大且不爲之動心，而况利害是非乎？此一句却是朴實頭結殺一句。

瞿鵲子問乎長梧子曰：「吾聞諸夫子，聖人不從事於務，不就利，不違害，不喜求，不緣道。無謂有謂，有謂無謂，而遊乎塵垢之外。夫子以爲孟浪之言，而我以爲妙道之行也。吾子以爲奚若？」長梧子曰：「是黃帝之所聽熒也，而丘也何足以知之？

此因至人又發聖人之問，且就此貶剝聖門學者。務，事也；不從事，不以爲意也。有就有違，則是知有利害矣，利害不知，何就違之有？物之求我，歸我也，亦不以爲喜。不緣道，無行道之迹也。無謂有謂，不言之言也；有謂無謂，言而不言也。孟浪，不着實也。夫子，指孔子也。言我以聖人之事語之夫子，其言有妙道，而夫子以爲不着實之言，吾子謂如何？吾子，即長梧子也。瑩，明也，言必黄帝聽此而後能明之。

且汝亦大早計，見卵而求時夜，見彈而求鴞炙。予嘗爲汝妄言之，汝以妄聽之奚。旁日月，挾宇宙，爲其脗合，置其滑涽，以隸相尊。衆人役役，聖人愚芚，參萬歲而一成純，萬物盡然，而以是相藴。

汝亦大早計者，謂汝之所言方如此，而早以爲妙道之行，是見少而自多之意。雞未出卵而早求其呼更，挾彈而未得鴞，早求之以爲炙，此早計之喻也。時夜，度其時而呼更也。我試爲汝妄説，汝且妄聽之看如何。妄，猶言未可把作十分真實説，未可把作十分真實聽也。奚，何如也，此一字奇。旁日月，附日月也。挾宇宙，宇宙在其懷内也。脗合者，言渾然相合而無縫罅也，言至理混然爲一也。滑，汩汩也；涽，昏昧也。人世汩汩涽涽，以隸而相尊者，皆置之而不言也。士尊大夫，大夫以士爲隸，大夫尊卿，卿又以大夫爲隸，推而上之，彼此皆隸也，而却自爲尊卑。衆人迷於世，故役役然。聖人以不知知之，則渾渾然猶愚芚也。愚芚，無知之貌也。參，合也，合萬歲而觀，止此一理，更無間雜，故曰一成純。萬物盡然者，言萬物各然其所然，人人皆有私意，所以天地之間，自古及今，積無限箇是字，故曰以是相藴。相藴者，猶言相積相壓也。

予惡乎知悦生之非惑邪？余惡乎知惡死之非弱喪而不知歸者邪？麗之姬，艾封人之子也，晉國之始得之也，涕泣沾襟。及其至於王所，與王同筐牀，食芻豢，而後悔其泣也。予惡乎知夫死者不悔其始之蘄生乎？夢飲酒者，旦而哭泣；夢哭泣者，旦而田獵。方其夢也，不知其夢也。夢之中又占其夢焉，覺而後知其夢也。且有大覺而後知此其大夢也。而愚者自以爲覺，竊竊然知之。君乎，牧乎，固哉。丘也與汝，皆夢也；予謂汝夢，亦夢也。是其言也，其名爲弔詭。萬世之後，而一遇大聖知其解者，是旦暮遇之也。

前面就「因是」上發到「以是相藴」處，却又把前頭死生無變乎己一句就此發明。喪，去鄉里也；弱喪者，弱年而去其鄉也。久留他鄉而忘其故國，恐悦生而惡死者亦似此也。麗姬，晉獻公之姬也，姬得於麗戎之國，故曰麗之姬。艾，麗戎地名；封人，守封疆之人也。始者去戎而來晉，故以爲悲，及其既貴，與王同牀而食，而後以始之泣爲悔，以此爲死生之喻也。夢飲酒者，旦而哭泣，夢哭泣者，旦而田獵，此語占夢書多有之。夢覺之間，變幻如此。方其夢也，不知爲夢，又於夢中自占其夢，既覺而後乃知所夢所占皆夢也，此等處皆曲盡人情之妙。若此處見得到，則知衛玠之問、樂廣之答〔一〕，皆未爲深達，此亦學問中一大事。如樂廣之訴，則高宗夢傅説〔二〕，孔子夢周公〔三〕，果爲何如耶？大覺，見道者也，禪家所謂大悟也。君，貴也；牧圉，賤也。愚人處世，方在夢中，切切自分貴賤，豈非固蔽乎？竊竊然，小見之貌。某與汝所言皆在夢中，我今如此説，謂汝爲夢，亦夢中語耳。此意蓋言人世皆是虚夢，但其文變化得奇特。弔，至；詭，怪也。我爲此言可謂至怪，然至怪之中實存至妙之理，使萬世之後，苟有大聖人出，知我此等見解，與我猶旦暮之遇也。此亦「後世有揚子雲，必知我」之意。解，見解也。

校注

〔一〕「衛玠之問，樂廣之答」，世説新語文學：「衛玠總角時，問樂令『夢』，樂云：『是想。』衛云：『形神所不接而夢，豈是想邪？』樂云：『因也，未嘗夢乘車入鼠穴、擣齏噉鐵杵，皆無想無因故也。』衛思『因』經日不得，遂成病。樂聞故，命駕爲剖析之，衛既小差。」

〔二〕「高宗夢傅説」，殷高宗武丁夢得傅説，派百工到廣野之地求之，任以爲相。

〔三〕「孔子夢周公」，論語述而：「子曰：『甚矣吾衰也，久矣吾不復夢見周公。』」

既使我與若辯矣，若勝我，我不若勝，若果是也，我果非也邪？我勝若，若不吾勝，我果是也，而果非也邪？其或是也，其或非也邪？其俱是也，其俱非也邪？我與若不能相知也，則人固受其黮闇。吾誰使正之？使同乎若者正之？既與若同矣，惡能正之？使同乎我者正之，既同乎我矣，惡能正之？使異乎我與若者正之，既異乎我與若矣，惡能正之？使同乎我與若者正之，既同乎我與若矣，惡能正之？然則我與若與人俱不能相知也，而待彼也邪？」

此一節又自以是相蘊處生來，亦前所謂利害之端也。勝負不足爲是非，則是我與若辯者，彼此不能相知也。黮闇者，言其見之昏也，二人見既皆昏，則將使誰正之？議論與彼同既不可，議論與我同又不可，若皆與我與彼不同亦不可，若皆與我與彼相同亦不可。我是一箇，若是一箇，此人又是一箇，則是三箇人，皆不能相知，必須别待一箇來，故曰待彼也耶？此彼字便是造化矣，便是天倪矣，天倪卽前之天均也。

「何謂和之以天倪？」曰：「是不是，然不然。是若果是也，則是之異乎不是也亦無辯；然若果然也，則然之異乎不然也亦無辯。化聲之相待，若其不相待。和之以天倪，因之以曼衍，所以窮年也。忘年忘義，振於無竟，故寓諸無竟。」

倪，分也。天倪之所以和者，因是而已，是與不是，然與不然，皆兩存之，卽前之兩行也。纔以爲是，纔以爲然，則又有箇不是不然起來，便有是非之爭也。聲，言也，化聲者，謂以言語相化服也；相待者，相對相敵也。若以是非之爭，强將言語自相對敵而求以化服之，何似因其所是而不相敵耶？故曰若其不相待。此二字下得最奇特，若其猶言何似也。不相待而尚同，則是和之以天倪，儘可游衍，儘可窮盡歲月，故曰因之以曼衍，所以窮年也。因之，順之也；曼衍，游衍也；

窮年，猶子美所謂「瀟灑送日月」〔一〕也。能如此則不特可以窮年，併與歲月忘之矣；非特忘歲月，併與義理忘之矣。年義既忘，則振動鼓舞於無物之境。此振字，便是逍遥之意。既逍遥於無物之境，則終身皆寄寓於無物之境矣。

校注

〔一〕「瀟灑送日月」，杜甫自京赴奉先縣詠懷五百字：「非無江海志，瀟灑送日月。生逢堯舜君，不忍便永訣。」

罔兩問景曰：「曩子行，今子止；曩子坐，今子起，何其無特操與？」景曰：「吾有待而然者耶？吾所待又有待而然者耶？吾待蛇蚹蜩翼邪？惡識所以然，惡識所以不然？」

此一段又自待字上生起來。罔兩，影邊之淡薄者。無特操者，言其無定度也。吾有待而然者，言影之動所待者，形也。我雖待形，而形又有所待者，是待造物也。形之爲形，亦猶蛇蚹蜩翼而已，我豈徒待彼邪？蜩蛇既化，而蚹翼猶存，是其蜕也，豈能自動耶？我既待形，形又有待，則惡知所以然與不然哉？此即是非待彼之喻也。

昔者莊周夢爲蝴蝶，栩栩然蝴蝶也，自喻適志與，不知周也。俄然覺，則蘧蘧然周也。不知周之夢爲蝴蝶與？蝴蝶之夢爲周與？周與蝴蝶則必有分矣，此之謂物化。

此一段又自前面説夢處生來。栩栩，蝶飛之貌。自喻者，自樂也；適志者，快意也。言夢中之爲蝴蝶，不勝快意，不復知有我矣，故曰不知周也。蘧蘧，僵直之貌，此形容既覺在牀之時，此等處皆是畫筆。在莊周則以夜來之爲蝴蝶，夢也，恐蝴蝶在彼，又以我今者之覺爲夢，故曰不知周之夢爲蝴蝶與？蝴蝶之夢爲周與？這箇夢覺須有箇分別處，故曰周與蝴蝶必有分矣。此一句似結不結，却不説破，正要人就此參究，便是禪家做話頭〔一〕相似。此之謂物化者，言此謂萬物變化之理也。

此篇立名，主於齊物論，末後却撰出兩箇譬喻，如此其文絶奇，其意又奥妙，人能悟此，則又何是非之可爭？即所謂死生無變於己，而况利害之端之意。首尾照應，若斷而復連，若相因而不相續，全是一片文字。筆勢如此起伏，讀得透徹，自有無窮之味。

校注

〔一〕「禪家做話頭」，宋釋大慧宗杲主張從古人公案中摘取機要語句作「話頭」（題目），來進行參究，人稱這種方法爲「看話禪」。

莊子鬳齋口義卷二

内篇養生主第三

主，猶禪家所謂主人公〔一〕也，養其主此生者，道家所謂丹基〔二〕也。先言逍遥之樂，次言無是無非，到此乃是做自己工夫也。此三篇似有次第，以下却不盡然。

校注

〔一〕「主人公」，禪宗名詞，指真如本性。景德傳燈録卷二十八載趙州從諗曰：「佛法在什麼處？遮裏一千人盡是覓作佛漢子，於中覓一箇道人無。若與空王爲弟子，莫教心病最難醫。未有世間時，早有此性，世界壞時，此性不壞。從一見老僧後，更不是别人，只是一箇主人公，遮箇更用向外覓物作什麼？正恁麼時莫轉頭換腦，若轉頭換腦，卽失却去也。」

〔二〕「丹基」，道教内丹家名詞，指修煉内丹之精氣神「三寶」，如三者不足，則尚須經築基階段補充之。翁葆光悟真篇注序：「夫鍊金丹大藥，先明天地未判之前混沌無名之始氣，立爲丹基。」

吾生也有涯，而知也無涯。以有涯隨無涯，殆已；已而爲知者，殆而已矣。

涯，際也。人之生也各有涯際，言有盡處也。知，思也，心思却無窮盡。以有盡之身而隨無盡之思，紛紛擾擾，何時而止？殆已者，言其可畏也。已，語助也。以下已字粘上已字，與前齊物篇同。於其危殆之中，又且用心思筭，自以爲知爲能，吾見其終於危殆而已矣。再以殆字申言之，所以警〔一〕後世者深矣。此之所謂殆，卽書之所謂「惟危」〔二〕也。已而爲知者，猶人言明明而知，故故而作也。

校注

〔一〕「警」，宋本、道藏本作「儆」。

〔二〕「惟危」，書大禹謨：「人心惟危，道心惟微，惟精惟一，允執厥中。」

爲善無近名，爲惡無近刑，緣督以爲經，可以保身，可以全生，可以養親，可以盡年。

此數句正是其養生之學，莊子所以自受用者。爲善無近名者，謂若以爲善，又無近名之事可稱；爲惡無近刑者，謂若以爲惡，又無近刑之事可指。此卽駢拇篇所謂「上不敢爲仁義之操，下不敢爲淫僻之行」也。督者，迫也，卽所謂迫而後應，不得已而後起也。游心斯世，無善惡可名之迹，但順天理自然，迫而後應，應以無心，以此爲常而已。緣，順也；經，常也。順迫而後起之，意以爲常也。如此，則可以保身，可以全其生生之理，可以孝養其父母，可以盡其天年。卽孟子所謂「壽夭不貳，修身以俟之」也。孟子自心性上説來，便如此端莊，此書却就自然上説，便如此快活，其言雖異，其所以教人之意則同也。晦庵以督訓中，又看近名近刑兩句語脉未盡，乃曰：若畏名之累己而不敢盡其爲學之力，則稍入於惡矣。爲惡無近刑，是欲擇其不至於犯刑者而竊爲之，至於刑禍之所在，巧其途以避之。遂以爲莊子乃無忌憚之中。〔一〕若以莊子語脉及駢拇篇參攷之，意實不然。督雖可訓中，然不若訓迫，乃就其本書證之，尤爲的當也。

校注

〔一〕晦庵之語，見朱文公文集卷六十七養生主説。

庖丁爲文惠君解牛，手之所觸，肩之所倚，足之所履，膝之所踦，砉然嚮然，奏刀騞然，莫不中音。合於桑林之舞，乃中經首之會。文惠君曰：「譆，善哉。技蓋至此乎？」

手之所觸，觸，動也。肩之所倚，以手用刀，則肩有斜勢也。足之所履，亦其用力之時，足之所立，自有步武也。膝之所踦，踦，微曲也，以身就牛，則膝微曲也。此四句，畫出一箇宰牛底人。砉，興入音；騞，亨入音。砉然、嚮然、騞然，皆是其用刀之聲，却以奏刀兩字安在中間，文法也。如七月詩：「八月在野，九月在宇，十月蟋蟀入我牀下。」亦是以蟋蟀字安在中間也。奏刀，進刀也，進用其刀曰奏。莫不中音者，言其砉、嚮、騞之音皆合律呂也。桑林、經首，皆樂名也，舞則有樂；會，舞者之聚也。合於桑林，中於經首，亦形容其中律呂之意也。文惠君，梁惠王也。譆，歎也。技蓋至此，言如此其妙也。

庖丁釋刀對曰：「臣之所好者道也，進乎技矣。始臣之解牛之時，所見無非牛者。三年之後，未嘗見全牛也。

釋刀，捨其刀也。捨刀而對，謂其技自學道得之，而後至於技，非徒技也。三年之後未見全牛者，言牛之一身其可解處，全不容力，可一目而見也。

方今之時，臣以神遇而不以目視，官知止而神欲行。依乎天理，批大郤，導大窾，因其固然。技經肯綮之未嘗，而況大軱乎？

以神遇而不以目視者，言心與之會也；遇，會也。官，耳目鼻口也。官知止者，言凝然而立之時，耳目皆無所見聞也。耳目之所知者皆止，而不言之神自行，謂自然而然也。天理者，牛身天然之腠理也；依者，依其自然之腠理而解之。大郤，骨肉交際之處也；批，擊也。窾，空也，骨節之間自有大空缺處也。導者，順而解之也。骨肉之交際，骨節之空窾，皆固然者，我但因而解之。我之爲技，其用刀也，皆未嘗經涉其肯綮之間。綮音頃，肯綮者，骨肉相着處也。肯綮處且不用刀，況大軱乎？軱音孤，大骨也。

良庖歲更刀，割也；族庖月更刀，折也。今臣之刀十九年矣，所解數千牛矣，而刀刃若新發於硎。

良庖，庖之善者也。族庖，衆人之爲庖者也，劣者也。庖之劣者，則其刀一月一更，以其斫〔一〕大骨而有損，刀或折也。庖之善者，一歲一更刀，以其用刀猶於肯綮之間或有割切，故其刀亦易損也。今我之刀，用之十九年矣，解牛雖多，而其刃皆若新磨然，言其無所損也。硎，砥石也。

彼節者有間，而刀刃者無厚，以無厚入有間，恢恢乎其於遊刃必有餘地矣。是以十九年而刀刃若新發於硎。

彼節者有間，言牛之骨節自有間縫處，我之刀又甚薄，以甚薄之刀隨其間縫而解之，可以游刃於其間。恢恢有餘地者，言其無滯礙也。此事〔二〕蓋言世事之難易，皆有自然之理，我但順而行之，無所攖拂，其心泰然，故物皆不能傷其生，此所以爲養生之法也。

校注

〔一〕「斫」，原作「研」，據宋本、道藏本改。

〔一一〕「事」，宋本、道藏本作「意」。

雖然，每至於族，吾見其難爲，怵然爲戒，視爲止，行爲遲，動刀甚微，謋然已解，如土委地。提刀而立，爲之四顧，爲之躊躇滿志，善刀而藏之。」文惠君曰：「善哉，吾聞庖丁之言，得養生焉。」

此雖然一轉，甚有意味，蓋言人之處世，豈得皆爲順境，亦有逆境當前之時，又當委曲順以處之。人行順境甚易，到境逆處，多是手脚忙亂，自至喪失，安有不動其心者乎？所以添此一轉。族，聚也，言牛身筋骨聚會之地也。我之解牛，雖曰目無全牛矣，雖用刀皆在於大郤大窾之間，而至於筋骨盤結處，亦見其難，遂把作箇難事做。怵然者，變動之意也；戒者，加儆戒也。視爲止者，言以目視之，未免少停止，而後遲遲焉行其刀，此但言加子細之意也。我既加意子細爲之，則其動刀也甚微，言輕輕然，亦不敢甚着力也。謋音麽，解音蟹。謋，忽然之意；解，散也。言其用力甚輕，而其骨肉忽然自已解散。如土之委地然，言其多而易也。解牛既了，則提起其刀而立，從容四顧。躊躇者，從容也，即自得意也。滿志者，如意也，非曰其志自滿也，言此乃滿我之意也。何以如意？不用力而解牛，雖解而刀無傷，所以如意也。善刀者，言好好收拾其刀而藏之也。此意蓋喻人處逆境，自能順以應之，不動其心，事過而化，其身安於無爲之中，一似全無事時也。爲善無近名以下，正説養生之方，庖丁一段，乃其譬喻，到此末後，遂輕輕結以得養生焉四字，便是文勢操縱省力處，須子細看。

公文軒見右師而驚曰：「是何人也？惡乎介也？天與，其人與？」曰：「天也，非人也。天之生是使獨也，人之貌有與也。以是知其天也，非人也。」

公文，姓；軒，名也。右師者，已刖之人爲右師之官也。介，獨也，刖而存一足也。天與人與者，言天生之始已如此耶？人刖之邪？刖足分明是人，却曰天也，非人。天之生是使獨者，言天生他時，只要他獨有一足也。何以知之？凡人之形貌者，有兩足相並而行，此於衆人之中獨異，如此便是天使之，非人使之也。有與，相並也。此意蓋謂人世有餘不足，皆是造物，雖是人做得底，也是造物爲之，蓋欲人處患難之中，亦當順受之也。

澤雉十步一啄，百步一飲，不蘄畜乎樊中。神雖王，不善也。

前説患難順受之意，便是庖丁「每至其族，吾見其難處」意思，却於此數句借澤雉而喻，乃言人生處世，逆境常多，便是「履虎尾」〔一〕、「遊於羿彀〔二〕」中之意。澤中之雉，十步方得一啄，百步方得一飲，言其飲啄之難也。若養於籠中，則飲啄之物皆足，而爲雉者不願如此，故曰不蘄畜乎樊中。蘄，願也；樊，籠也。何以不願？蓋籠中之飲啄雖飽，雉之精神雖若暢旺，而終不樂，故曰神雖王，不善也。王音旺〔三〕。不善，不樂也。此意蓋謂人能自愛其身，不入世俗汩没之中，更自好也。

校注

〔一〕「履虎尾」，見易履。

〔二〕「彀」，原作「㲉」，據宋本、道藏本改。

〔三〕「王音旺」，原作「王意細」，宋本空三格，據道藏本改。

老聃死，秦失弔之，三號而出。弟子曰：「非夫子之友邪？」曰：「然。」「然則弔焉若此，可乎？」曰：「然。始也吾以爲其人也，而今非也。向吾入而弔焉，有老者哭之，如哭其子；少者哭之，如哭其母。彼其所以會之，必有不蘄言而言，不蘄哭而哭者。是遁天倍情，忘其所受，古者謂之遁天之刑。」

莊子之學本於老子，此處先把老子貶剝，便是爲貶剝堯、舜、夫子張本，道我於老子亦無所私，而況他人乎？三號而出，言不用情也。弟子之問，謂老子於秦失，本朋友也，何其弔之如此不用情乎。夫子，指秦失也。始者吾以爲其人者，言吾始以老子爲非常之人也，今因弔之，乃知其不爲非常人也。何者？老子之死，其弟子之哭，無老無少皆如此其悲哀，此必老子未能去其形迹，而有以感會門弟子之心，故其言其哭哀且慕者，有不期然而然也。天之所受，本無物也，猶以有情相感，則是忘其始者之所受，而遁逃其天理，背棄其情實，如此皆得罪於天者，故曰遁天之刑。

倍與背同。

適來，夫子時也；適去，夫子順也。安時而處順，哀樂不能入也。古者謂是帝之縣解。

上面既説了秦失一段，就此却發明盡死生之理，以結一篇。蓋欲人知其自然而然者，於死生無所動其心，而後可以養生也。夫子，有道者尊稱之辭也。言天地之間有道之士，其來也，亦適然而來，其去也，亦適然而去，但當隨其時而順之。既知其來去之適然，則來亦不足爲樂，去亦不足爲哀。不能入者，言不能動其心也。縣者，心有係着也；帝者，天也。知天理之自然，則天帝不能以死生係着我矣，言雖天亦無奈我何也，故曰帝之縣解。

指窮於爲薪，火傳也，不知其盡也。

此死生之喻也，謂如以薪熾火，指其薪而觀之，則薪有窮盡之時，而世間之火，自古及今，傳而不絶，未嘗見其盡。此三句，奇文也，死生之理，固非可以言語盡。且論其文，前面講理，到此却把箇譬喻結末，豈非文字絶妙處？

内篇人間世第四

前言養生，此言人間世，蓋謂既有此身，而處此世，豈能盡絶人事？但要人處得好耳。看這般意思，莊子何嘗迂闊，何嘗不理會事？便是外篇所謂「物莫足爲也，而不可以不爲」一段意思。

顔回見仲尼，請行。曰：「奚之？」曰：「將之衛。」曰：「奚爲焉？」曰：「回聞衛君，其年壯，其行獨，輕用其國，而不見其過，輕用民死，死者以國量乎澤若蕉，民其無如矣。

其年壯，其行獨者，言少年自用，不恤衆議也。輕用其國，而不自知其過失，輕民之生而戕賊之，量其國中前後見殺者，若澤中之蕉然，謂輕民如草芥也。荀子富國篇有曰「以澤量」，與此意同。本是若澤蕉，却倒一字曰澤若蕉，此是作文奇處。雲，澤也；夢，亦澤也。雲夢昔皆爲水，今有土可耕，不曰雲夢土作乂，而曰「雲土夢作乂」〔一〕。玄亦纖，縞〔二〕亦纖，不曰玄縞纖，而曰「玄纖縞」〔三〕，此文法也。如，往也，民其無如者，言其無所歸也。

校注

〔一〕「雲土夢作乂」，見書禹貢。

〔二〕「縞」，原作「纊」，據宋本改。下「不曰玄縞纖」同。

〔三〕「玄纖縞」，見書禹貢。

回嘗聞之夫子曰：『治國去之，亂國就之，醫門多疾。』願以所聞思其則，庶幾其國有瘳乎。」仲尼曰：「譆，若殆往而刑耳。夫道不欲雜，雜則多，多則擾，擾則憂，憂而不救。古之至人，先存諸己而後存諸人，所存於己者未定，何暇至於暴人之所行？且若亦知夫德之所蕩而知之所爲出乎哉？德蕩乎名，知出乎爭。名也者，相軋也；知也者，爭之器也。二者凶器，非所以盡行也。且德厚信矼，未達人氣，名聞不爭，未達人心。而強以仁義繩墨之言術暴人之前者，是以人惡有其美也，命之曰菑人。菑人者，人必反菑之，若殆爲人菑。

邦有道則見，邦無道則隱，〔一〕此聖賢之言也。莊子却反其説曰：治國去之，亂國就之，謂如人能醫，必其門多疾之時，方可行其術。若是已治之國，又何用我？願以所聞思其則，言欲以所聞於夫子者，而告之衛君，使之思其法則而知改悔，庶幾其國可安也。若殆往而刑耳。若，汝也；殆，將也。汝如此而往，將爲彼所刑戮而已，謂不可往也。道不欲雜者，言此心不雜，則純一虛明。苟有所容心，謂彼既如何，我又如何救之，便是容心，則在我已雜矣。我既不純一，何能救之？雜則多者，言多端也。擾者，亂也。憂者，自苦也。言汝且自苦，何能救人？古之人必先存其在我者，而後可以諫告他人，苟存於我者未定，何暇及他人乎？彼之所行雖爲暴惡，我方自苦，何暇及他？德，自然也；知，私智也。纔有求名之心，則在我自然之德已蕩失矣，纔有用知之私，則爭競所由起矣，故曰德蕩乎名，知出乎爭。相軋者，相傾奪也。爭之器者，言我以私智用，彼亦以私智用，彼此用智，其爭愈不已。器，用也。曰名曰知，皆天下之凶事，此事不可以盡行，言行之必有禍也。矼，厚也。厚德卽實德也；厚信，實有可信之行也。我雖有德有信，而未達彼人之性氣，我雖曰令名令聞，而未達曉彼人之心謂我如何，而強以仁義法度之言陳述於暴惡人之前，人必惡汝，謂汝矜誇，自有其美也。繩墨，法度也；術與述同。菑人者，凶人也。必名汝曰凶人，既有此名，則菑反及汝。汝今此去，殆且爲人所菑而已，豈能化衛君而救其國乎？

校　注

〔一〕「邦有道」二句，論語衛靈公：「君子哉蘧伯玉，邦有道則仕，邦無道則可卷而懷之。」

夫且苟爲悦賢而惡不肖，惡用而求有以異？若唯無詔，王公必將乘人而鬭其捷。而目將熒之，而色將平之，口將營之，容將形之，心且成之。是以火救火，以水救水，名之曰益多。順始無窮。若殆以不信厚言，必死於暴人之前矣。

彼若知賢而悦之，知不肖而惡之，則何用我，更别有所求，故曰惡用而求有以異。彼惟其不知賢不肖，所以如此所爲。彼既不知賢，則安知汝爲賢者，而信汝之言乎？詔，召也；若，汝也。衛君不曾召汝，故曰若惟無詔。汝既不召而自往，則彼以王公之貴，必將乘汝言語之間而爭欲求勝。鬭，爭也。捷，勝也。汝到此時爲其所困，則目必將眩然。熒，眩也。而，汝也。而色將平之者，言汝方爲顔色以求平於彼，謂屈服其顔色以求自解也。口將營之者，言自將營救解説也。容將形者，言容貌之間，必見恐懼跽擎之形也。心且成之者，言用心以成順之也。梁武帝辯折賀琛處〔一〕，正合此卦影，蓋言其爭不勝而自屈服也。他本凶暴，又得勝汝，一勝，其氣愈旺，則是水救水，火救火也。益，增也，益多者，言增多其惡也。順此而往，則其爲惡愈無窮極，所爲暴戾益甚矣。厚言者，猶深言也。汝未有以信於人，乃以不信之身而深言於暴人之前，必爲其所殺也。

校注

〔一〕「梁武帝」句，梁書卷三十八賀琛傳：「是時高祖任職者，皆緣飾姦諂，深害時政，琛遂啓陳事條封奏。」「言奏，高祖大怒，召主書於前，口授敕責琛。」「琛奉敕，但謝過而已，不敢復有指斥。」

且昔者桀殺關龍逢，紂殺王子比干，是修其身以下傴拊人之民，以下拂其上者也，故其君因其修以擠之。是好名者也。昔者堯攻叢枝、胥敖，禹攻有扈，國爲虚厲，身爲刑戮，其用兵不止，其求實無已。是皆求名實者也，而獨不聞之乎？名實者，聖人之所不能勝也，而况若乎？

龍逢、比干，皆修其身，以愛民爲諫，不知民自別人之民，汝乃下而傴拊之。傴拊，愛養之意也。桀、紂不愛民，而汝乃愛桀、紂之民，是下拂其上也，所以見殺。修，善也。因其好善，反以擠怒之，謂此皆好名之過也。叢枝、胥敖、有扈，皆是寓言。國爲丘墟，死爲厲鬼。厲，無後無歸之鬼也。叢枝、胥敖、有扈之所以取禍至此者，皆用兵不止，以求名實也。實，利也。不能勝，言不能堪也，言求名自利之人，雖堯、禹且不能堪，至於滅其國，而况汝乎？勝音升。堯、禹無此事，皆寓言也。

雖然，若必有以也，嘗以語我來。」顏回曰：「端而虚，勉而一，則可乎？」曰：「惡，惡可？夫以陽爲充孔揚，采色不定，常人之所不違，因案人之所感，以求容與其心。名之曰日漸之德不成，而況大德乎？將執而不化，外合而內不訾，其庸詎可乎？」

又設一轉，言汝之欲往也，必有所以。以，用也。且試以語我。嘗，試也；來，助語也。端而虛者，端正其身，虛豁其心也。勉而一者，黽勉而謹終如始也。能如此，則可否？惡惡可者，言甚不可也。陽爲充孔揚者，言得志之人陽氣方充滿，其貌甚揚揚自得。孔，甚也。采色不定者，言其驕矜之色不常也。尋常之人，每每不敢違而順之畏之也。彼見人人皆畏己，而汝欲以言語感動之，彼將求欲案服汝心，以快其意，故曰求容與其心。容與，自快之意。日漸，小德也。言汝此等人，名之曰小德，且不能成，況能成大德乎？執而不化者，固執而不能回也。若如此，則外將以端虛而求合於人，內則守其勉而一者，謂我在內無所訾病。伎倆止於如此，詎能自以爲可乎？

「然則我內直而外曲，成而上比。內直者，與天爲徒。與天爲徒者，知天子之與己皆天之所子，而獨以己言蘄乎而人善之，蘄乎而人不善之邪？若然者，人謂之童子，是之謂與天爲徒。外曲者，與人之爲徒也。擎跽曲拳，人臣之禮也，人皆爲之，吾敢不爲邪？爲人之所爲者，人亦無疵焉，是之謂與人爲徒。成而上比者，與古爲徒。其言雖教，讁之實也。古之有也，非吾有也。若然者，雖直不爲病，是之謂與古爲徒，若是則可乎？」

然則而下，又設爲顏子之答，分作三截。內直者，內以此理自守其直〔一〕實也，此直字與真字相似。自天子之貴，下而與我，皆天之所生，則是皆出於自然者。豈敢以己言自私，欲人善其是者，不善其非者？若無此自私之心，則其渾渾若童子然，則與天合矣，故曰與天爲徒。外曲者，外盡擎跽曲拳之禮，人人皆爲之，則我亦爲之，人於我亦無疵病。此因「拜下，禮也。雖違衆，吾從下」處生此等議論，以譏誚聖門。如此則與人合，故曰與人爲徒。成者，自己之成說也；比，合也。以自己之成説而上合於古人言，引古人以爲證也。雖借古人教誨之言，乃是當面陳説是非，而皆有讁謫之實。蓋謂我之所言，非出於我，古人已有之言也。若如此，則雖訐直以暴其所行，而人亦不以爲罪，故曰雖直而不病。與古爲徒者，言其説與古人合也。若是則可者，言如此可以説衛君否也。

校注

〔一〕「直」，宋本、道藏本作「真」。

仲尼曰：「惡，惡可？太多政法而不諜，雖固亦無罪。雖然，止是耳矣，夫胡可以及化？猶師心者也。」

政，事也；法，方法也。謂女所言事目方法太多，而終是不安諜。諜，音疊，安也。雖能如此三者，固亦無罪，然亦止於自免而已，安可以化人？故曰胡可以及化。此其病在何處？蓋汝三者之說，皆是師其有爲之心，便是容心，便非無迹，便非自然之道。

顔回曰：「吾無以進矣，敢問其方。」仲尼曰：「齋，吾將語若。有而爲之，其易邪？易之者，皞天不宜。」顔回曰：「回之家貧，唯不飲酒不茹葷者數月矣。若此，則可以爲齋乎？」曰：「是祭祀之齋，非心齋也。」回曰：「敢問心齋。」仲尼曰：「若一志，無聽之以耳，而聽之以心，無聽之以心，而聽之以氣。聽止於耳，心止於符。氣也者，虛而待物者也。唯道集虛，虛者，心齋也。」

無以進者，言更無向上着〔一〕也。有而爲之，其易邪，言汝道汝有此伎倆，要爲之甚易邪？纔萌此輕易之心，則皞天之意不相樂矣，故曰易之者，皞天不宜。此兩句最是人生受用切實處。祭祀之齋在外，心齋在内。一志者，一其心而不雜也。聽之以耳，則聽猶在外；聽之以心，則聽猶在我；聽之以氣，則無物矣。聽以耳則止於耳，而不入於心；聽以心，則外物必有與我相符合者，便是物我對立也。氣者，順自然而待物以虛，虛卽爲道矣。虛者道之所在，故曰唯道集虛。卽此虛字，便是心齋。

校　注

〔一〕「向上着」，指禪家的參悟。景德傳燈録卷七載盤山寶積禪師之語：「向上一路，千聖不傳。

學者勞形，如猿捉影。」

顏回曰：「回之未始得使，實自回也；得使之也，未始有回也，可謂虛乎？」夫子曰：「盡矣。

得使，言得教誨也。此爲顏子頓悟之言，謂未得教誨之時，猶自有我，及既得教誨之後，未始有我矣。忘我則虛也。盡矣者，謂汝之所言盡其理矣。

吾語若。若能入遊其樊而無感其名，入則鳴，不入則止。無門無毒，一宅而寓於不得已，則幾矣。

若，汝也。人世如在樊籠之中，汝能入其中而游，不爲虛名所感動。有迹則可名，纔至有迹，則是動其心矣。處世無心〔一〕則無迹，無迹則心無所動，故曰遊其樊而無感其名。自此以下正是教人處世之法。入則鳴，是可與之言而與之言也；不入則止，是不可與之言而不與之言也。意與論語〔二〕同，但文奇耳。有方所則有門，無方所〔三〕則無門矣。有臭味則有毒，無臭味則無毒矣。毒，藥味也。此皆無心無迹之喻。宅，居也，以混然之一爲吾所居，而寓此心於不得已之中，則人間世之道盡矣。幾，盡也。

校注

〔一〕「無心」，佛家謂真心離妄念謂之無心。宗鏡錄四十五曰：「大寶積經云：文殊師利言：如人學射，久習則巧，後雖無心，以久習故，箭發皆中。我亦如是，初學不思議三昧，繫心一緣，若久習成就，更無心想，恒與定俱。又先德云：一念妄心纔動，卽具世間諸苦。如人在荆棘林，不動卽刺不傷。妄心不起，恒處寂滅之樂。一念妄心纔動，卽被諸有刺傷。故經云：有心皆苦，無心乃樂。」

〔二〕論語之言，論語衛靈公：「子曰：可與言而不與言，失人；不可與言而與之言，失言。知者不失人，亦不失言。」

〔三〕「無方所」，卽無方，無一定之方法。

絶迹易，無行地難。

迹，足迹也。止而不行，則絶無足迹，此爲易事。然人豈能不行哉？必行於地而無行地之迹，則爲難。此意蓋謂人若事事不爲，此却易事，然謂之人生，何者非事，安得不爲？唯無爲而無所不爲，則爲難也。

爲人使易以僞，爲天使難以僞。

爲人使易以僞，言爲人慾所役，則易至於欺僞。唯冥心而聽造物之所使，則無所容僞矣。人使卽人欲也，天使卽天理之日用者也。難易二字有意。易，易流也；難，無所容其僞也。

聞以有翼飛者矣，未聞以無翼飛者也；聞以有知知者矣，未聞以無知知者也。

聞以有翼飛者矣，言鳥之飛必以翼也；無翼而飛便是不疾而速，不行而至，此所謂神也。此句乃喻下句，蓋以有知爲知，人之常也，惟知其所不知，則爲無知之知，此則造道之妙矣。

瞻彼闋者，虛室生白，吉祥止止。夫且不止，是之謂坐馳。

瞻，視也。此以虛室喻心也，謂視彼密室之中，纔有空缺處，必有光入來，是光自空中出也。以彼之闋喻〔一〕我之虛，則見虛中自然生明。生白卽生明也，不曰生明，而曰生白，此莊子之奇文也。卽此虛明之地，便是萬物之所由萃。吉祥，福也。止於其所止，下止字是虛處也。唯止則虛，唯虛則明，便是戒生定、定生慧〔二〕之意。若我纔容心，而不能自止，則身雖坐於此，而心馳於外，又安能坐忘乎？此以坐馳二字，反説坐忘也。

校注

〔一〕「喻」，原作「俞」，據宋本、道藏本改。

〔二〕「戒生定，定生慧」，楞嚴經卷六：「佛告阿難：汝常聞我毗奈耶中，宣説修行三決定義，所謂攝心爲戒，因戒生定，因定發慧，是則名爲三無漏學。」三藏法數卷九：「如來立教，其法有三：一曰戒律，二曰禪定，三曰智慧。然非戒無以生定，非定無以生慧，三法相資，不可缺。」

夫徇耳目内通而外於心知，鬼神將來舍，而況人乎？是萬物之化也，禹、舜之所紐也，伏羲、几蘧之所行終，而況散焉者乎？」

耳目之聞見皆内通於心，我若無所容心，則順耳目之聞見，雖通於内，而實外於心知。何以謂外於心知？蓋言心不動而外物不能入也，雖聞其所聞，見其所見，而無心於聞見也。如此則此心之虚與鬼神通，何況人乎？謂到此方能感化人也。鬼神來舍，卽是至誠如神，此心之中自有鬼神與造物通，故曰來舍。上既説了，却結以一句，曰此是萬物之化也，言此乃造化之理，萬物之所由出也。舜、禹之所見，其大樞紐止如此，伏羲、几蘧以此行而終其身，何況其下者乎？几蘧，或謂古帝王之名，然無所考，必竟寓言也。散者，言尋常之人也。自絶迹而下又别發明，不可粘上段説。

葉公子高將使於齊，問於仲尼曰：「王使諸梁也甚重，齊之待使者，蓋將甚敬而不急。匹夫猶未可動也，而況諸侯乎？吾甚慄之。子嘗語諸梁也，曰：『凡事若小若大，寡不道以懽成，事若不成，則必有人道之患；事若成，則必有陰陽之患。若成若不成而後無患者，唯有德者能之。』吾食也執粗而不臧，爨無欲清之人。今吾朝受命而夕飲冰，我其内熱與？吾未至乎事之情，而既有陰陽之患矣；事若不成，必有人道之患。是兩也，爲人臣者不足以任之，子其有以語我來。」

諸梁，葉公之名也；子高，其字也。使諸梁者甚重，言使齊之行甚重難也。甚敬而不急者，言待汝雖有禮，而所叩之事其應常緩。匹夫之相與，叩應之不酬，且無如之何，况諸侯乎？所以慄而懼也。子指夫子也，言夫子嘗有教我之言曰：事無大小，鮮不言以懽洽，方得事成也。寡，鮮也；不道，不言也。爲國謀事，若不成，則必有刑責，故曰人道之患。若勞心計較，雖得成事，而多以憂思致疾，故曰有陰陽之患。若欲成與不成其後皆無患者，惟有德之人方可。自此以上，皆曰孔子之語也。今我自受使命以來，飲食之間，不知其味，粗者不知爲粗，臧者不知爲臧。臧，美也，言粗食亦猶美食也。常時多有飲食之事，則厨爨之間，竈常不冷，故厨者欲清而不能。今既憂思，飲食寡少，則竈常清矣。且我朝方受命，而胸中焦勞，夕已飲冰矣。情者，實也，我方受命，未曾實理會事，已成此病，萬一不成，則又有刑責，是兩受患也。爲人之臣，至於如此，實不可當。任，當也。子其有以語我，謂何以教我也。來，助語也。

仲尼曰：「天下有大戒二：其一，命也；其一，義也。子之愛親，命也，不可解於心；臣之事君，義也，無適而非君也，無所逃於天地之間。是之謂大戒。是以夫事其親者，不擇地而安之，孝之至也；夫事其君者，不擇事而安之，忠之盛也；自事其心者，哀樂不易施乎前，知其不可奈何而安之若命，德之至也。爲人臣子者，固有所不得已。行事之情而忘其身，何暇至於悦生而惡死？夫子其行可矣。

此一段却是十分正當説話，其論人間世至有此語，豈得謂莊子爲迂闊大言者？大戒者，大法也。命，得於天者，子之事親，與生俱生，此心豈得一日去？故曰不可解。義，人世之當爲者也，臣之事君，世間第一件當爲之事，名曰君臣，則「率土之濱，莫非王臣」，故曰何適非君。莫非臣子，何處而可逃？故曰無所逃於天地之間。事親而盡其孝，則東西南北，惟父母之命，豈擇地之安而後爲之？此心纔主於忠，則哀樂之境雖施於前而不能變易，蓋事有難易，或有禍福，既出君命，則是自家合做底事，此便是天命，又可奈何？止得安而順之。若命，順命也，能如此則爲至德之士。爲人臣子亦看所遇如何，不幸而遇其難，亦所不得已，但得行其事之實而已。情，實也。言但得朴實頭做前去，豈得復顧其身？雖其禍至於死生之異，亦無可奈何。夫子其行可矣者，言汝只得去也。夫子指葉公也。

丘請復以所聞：凡交近則必相靡以信，遠則必忠之以言，言必或傳之。夫傳兩喜兩怒之言，天下之難者也。夫兩喜必多溢美之言，兩怒必多溢惡之言。凡溢之類也妄，妄則其信之也莫，莫則傳言者殃。故法言曰：『傳其常情，無傳其溢言，則幾乎全。』

此下又轉一轉，説盡人世情狀。信，有物以爲信驗也，如符節之類是也；相靡，相順也。近處之交接則如此，若其交者遠，則必以言語盡其情。忠，盡情也。然其言何自而達？必有人傳道之，然傳言之間，其兩喜兩怒者最難。彼以喜而來，此以喜而應，則其説好處多有過當，故曰溢美。溢，過當也。若彼此皆怒，則其説不好處又多過當，故曰溢惡。纔是一等過當説話，必是不實，故曰凡溢之類妄。既不實，則其聽之者，必皆莫然而疑，未能盡信。莫，致疑貌也。纔至致疑，則兩邊之惡皆歸於傳言之人，必加之罪，故曰莫則傳言者殃。因其奉使，故以此爲戒。法言者，古有此書也，故舉以爲證。傳其常情，謂傳言之人但傳其平常朴實頭説話，其言語過當處則不可傳，故曰無傳其溢言。傳言能如此，則庶幾可以自全。

且以巧鬬力者，始乎陽，常卒乎陰，太至則多奇巧；以禮飲酒者，始乎治，常卒乎亂，太至則多奇樂。凡事亦然。始乎諒，常卒乎鄙；其作始也簡，其將畢也必巨。言者，風波也；行者，實喪也。夫風波易以動，實喪易以危。故忿設無由，巧言偏辭。獸死不擇音，氣息茀然，於是並生心厲。剋核太至，則必有不肖之心應之，而不知其然也。苟爲不知其然也，孰知其所終？

既説了傳言，却又引喻世間此類之事，句句皆是世情，此皆莊子妙處。以巧鬬力，今之戲相搏者。陽，喜也；陰，惡也。其始等閑格手，只是戲劇[一]，其終常至於實實爭打，蓋其戲太甚，則多有過當用巧處。奇，異也；泰至，過當也。相招而飲，皆以禮也。治，「初筵」、「秩秩」之時也；亂，「載號載呶」之時也。〔二〕蓋飲酒至於過當，則其爲樂也多異常，故或成爭競也。凡事亦然者，言人世他事亦常如此也。諒，信也，始者之相與同爲一事，未嘗不誠實相信，及至其後，鄙詐生焉，此又一事也。始者之有所作爲，止爲苟簡之謀，弄到末後，却成一件大事。此以上只泛説世間，又拈〔三〕起箇言行來，蓋人世之相與，涉言語則風波之所由起。風行波上，虚而紛亂之意。纔説箇行字，便有名有迹，有名則喪實矣。風波易以動者，言其易至於紛紛而不已也；實喪易以危者，言實不副名，或成患害也。無由，無端也，忿怒之言多是造設，初無端由，故曰忿設無由。偏辭，一偏之見也，花巧言語，只是説得一偏，故曰巧言偏辭。獸死不擇音，言獸死之時，其聲音又何所擇？此譬喻忿設巧言之人，纔至於爭競，則言語之出，皆不暇簡擇，今諺所謂相駡無好語是也。氣息茀然者，怒也；厲，狠戾也。怒氣既起，則狠戾之心並生。我既如此，則其應我者，以我之剋核大至，必生不肖之心，或時至於相戕相賊，亦皆爲怒所使，而不知其然矣。既爲怒所使而不自知，又何暇計其終？自此以上，皆言世情或因好成惡，故牽引説至此爾。

校注

〔一〕「戲劇」，原作「則劇」，宋本、道藏本同，據日本靜嘉堂文庫藏南宋刊莊子鬳齋口義劉辰翁評點本改。

〔二〕「初筵秩秩」二句，詩賓之初筵：「賓之初筵，左右秩秩。」「賓既醉止，載號載呶。」

〔三〕「拈」，原作「粘」，據宋本、道藏本改。

故法言曰：『無遷令，無勸成，過度益也。』遷令勸成殆事。美成在久，惡成不及改，可不慎與？且夫乘物以遊心，託不得已以養中，至矣。何作爲報也？莫若爲致命，此其難者。」

到此又引古書之言，就奉使事上結。令，君命也，無遷移其令，卽所謂傳其常情也。若受其命令，而私欲圖成，或至遷改其說，則不可。事之成不成，亦聽其自然，不可強欲其成，故曰無勸成。益，求多也，纔於平常心上起箇過當之念，便是有求益之心，此便不可。過度者，過其常度，卽過當也。遷令勸成皆是過度之念，則其謀事也必危，故曰殆事。人之相與，要好極難，初非一日可成，必須悠久而後定，故曰美成在久。一言之不相投，一事之不相順，有不轉步而便成惡者，故曰惡成不及改。此意蓋謂要相惡甚易，要相好甚難，所以尤當慎也。我若乘事物之自然而游其心於自然，托不得已而應之意以養其中心，則此爲極至矣，又何必有所作爲而後歸報邪？報，反命也；作爲，過度以求益也。致命者，言以真實而致君命於衛也。言汝之行也，莫若只以真實致其君之命而已，不可過爲思慮論其成與不成也。卽此真實致命，便是難能之事，汝須要能盡此方可。就此又着一難字，蓋謂處此亦難矣，所謂游於彀中，中央者，中地也。此篇名以人間世者，正言處世之難也。看這一段曲盡世情，非莊子性地通融，何以盡此曲折？説者以莊、老只見得「道心惟微」一截，無「人心惟危」一截，〔一〕此等議論果爲如何？但讀其書未子細爾。

校注

〔一〕説者二句，見前四九頁注〔二〕。

顔闔將傅衛靈公太子，而問於蘧伯玉曰：「有人於此，其德天殺。與之爲無方，則危吾國；與之爲有方，則危吾身。其知適足以知人之過，而不知其所以過。若然者，吾奈之何？」蘧伯玉曰：「善哉問乎。戒之，慎之，正汝身哉。形莫若就，心莫若和。雖然，之二者有患。就不欲入，和不欲出。形就而入，且爲顛爲滅，爲崩爲蹷。心和而出，且爲聲爲名，爲妖爲孽。彼且爲嬰兒，亦與之爲嬰兒；彼且爲無町畦，亦與之爲無町畦；彼且爲無崖，亦與之爲無崖。達之，入於無疵。

顔闔將爲太子之傅，而求教於伯玉。有人於此者，指太子也。其德天殺，猶言天奪其鑒也，殺猶銷鑠也，隕霜殺草之殺〔一〕，言其德性爲造物所銷鑠也。無方，無法度也。言彼爲敗度敗德之事，縱而不問，則將來必危吾國。若欲救正之，則其禍必先及我。太子之智，能知人之過，而自爲過惡則不知改。奈之何者，吾無如之何也。正汝身者，言且就自家身上理會起。就，從也，隨順之也；和，調和也，誘導之也。外爲恭敬隨順之形，而内則盡我調和誘導之心，故曰形莫若就，心莫若和。莫若者，言求其方法，無出於此也。雖然一轉又妙。之二者，和與就二者也。隨順而與之爲一，則是就而入也；有誘導之心，而圭角稍露，則是和而出也。就而至於入，則和自家都放倒了，故曰爲顛爲滅，爲崩爲蹷；和而至於聲名出，則彼必忌害，必成殃禍，故曰爲聲爲名，爲妖爲孽。此處文最奇。嬰兒者，如無知小兒然也；無町畦者，無畔岸也，言其跌蕩而無繩準也；無崖者，無涯際也，言爲事不思到盡處如何也。嬰兒、無町畦、無崖，皆是形容無知妄爲之人。彼方如此無知，如此妄爲，我且順之，故曰亦與之。到其有可覺悟處，就加點化，使之躍然醒悟，或可以入無疵之地。達之者，覺悟之也；無疵者，無過也。昔艾軒於此嘗言，莆中舊有人，父死不葬，蕩其田業以恣所欲。田且盡，親戚憫之，歛錢以給其葬，彼陽相許，又以其錢行前所爲，衆親皆忿之。有族人焉，出而與之遊，任其所爲，一夕酣飲，至于極歡，撫其背曰：「人不堪其憂，回也不改其樂。」〔二〕其人翻然而悟，慟哭而歸，遂葬其父，卒爲善人。正此處道理。

校注

〔一〕「隕霜」句，春秋僖公三十三年：「隕霜不殺草。」

〔二〕「人不堪其憂」二句，見論語雍也。

汝不知夫螳蜋乎？怒其臂以當車轍，不知其不勝任也，是其才之美者也。戒之，慎之。積伐而美者以犯之，幾矣。汝不知夫養虎者乎？不敢以生物與之，爲其殺之之怒也；不敢以全物與之，爲其決之之怒也；時其饑飽，達其怒心。虎之與人異類而媚養己者，順也；故其殺者，逆也。夫愛馬者，以筐盛矢，以蜄盛溺。適有蚊虻僕緣，而拊之不時，則缺銜、毁首、碎胸。意有所至而愛有所亡，可不慎邪？」

此下又説幾箇譬喻。螳蜋恃其才之美，欲以其臂當車轍，此喻小才自矜以當大事，鮮不敗者。積，屢也；伐，誇也；幾，危也。屢誇其才美以犯世之忌者，必危其身，故曰積伐而美者以犯之，幾矣。虎之性易怒，故養之者必調和去其怒心，以虎而於養己者亦有媚愛之意，此無他，只是順之而已。若逆之，則必爲所傷矣，故曰其殺者，逆也。筐，竹器也；蜄，灰泥之器也。以此盛其屎溺，可謂愛之。忽有蚊虻聚於其身，不能隨時搏拊而去之，則其馬必至決去銜勒，毁碎其身首上轡絡月題之類。此其中心之怒忽然而至，則前日之愛皆忘之矣。僕緣者，僕僕然緣聚也。亡與忘同。此蓋「美成在久，惡成不及改」之意。人之相處，有終身從遊而一語至於爲仇者，此言處世之難也。看葉公子高與顔闔二段，便見此篇名作人間世分曉。

匠石之齊，至乎曲轅，見櫟社樹。其大蔽牛，絜之百圍，其高臨山十仞而後有枝，其可以爲舟者旁十數。觀者如市，匠伯不顧，遂行不輟。弟子厭觀之，走及匠石曰：「自吾執斧斤以隨夫子，未嘗見材如此其美也。先生不肯視，行不輟，何耶？」曰：「已矣，勿言之矣。散木也，以爲舟則沈，以爲棺槨則速腐，以爲器則速毁，以爲門户則液樠，以爲樹則蠹。是不材之木也，無所可用，故能若是之壽。」匠石歸，櫟社見夢曰：「汝將惡乎比予哉？若將比予於文木邪？夫柤、梨、橘、柚、果、蓏之屬，實熟則剥，則辱；大枝折，小枝泄。此其以能苦其生者也，故不終其天年而中道夭，自掊擊於世俗者也。物莫不若是。且予求無所可用久矣，幾死，乃今得之，爲予大用。使予也而有用，且得有此大也耶？且也若與予也皆物也，奈何哉其相物也？而幾死之散人，又惡知散木？」

曲轅，山名也。櫟，木名也，社之中有此櫟木也。論語曰：「夏后氏以松」，「周人以栗」。古者社中皆必以大木爲主。挈之，以手量之也；兩手合而圍之爲一圍，百圍，大也。十仞，高也。枝可爲舟，則其身可知矣。厭觀者，言觀至於厭足而後已也。散木者，言無用散棄之木也。液樠，其液出而樠樠然也。樹，柱也，立木以爲柱，故曰樹。文木者，言木之可觀而可爲用者也。櫟社見於匠石之夢曰：汝以我爲散木，則是以文木而比量我也。柤、梨、橘、柚、果、蓏皆文木之可食者，故爲人摧折，是以其能而害其生。能者，可用之才也。吾之求無所用久矣，而汝乃今知之。幾死，罵匠石之言也，猶今人罵人以半死漢也。爲予大用者，言我之無用，乃我之大用，所以全其生也。我若有用，則人伐之久矣，又安能至此大乎？且也，只是且字之意，添箇也字。若與予皆物者，匠石雖人，我雖櫟樹，皆天地間一物，汝何獨以物相譏？故曰若與予也皆物也，奈何哉其相物也。一句之中四箇也字，一箇哉字，此皆莊子文奇處。汝亦無用之人，何譏我無用之木？故曰幾死之散人，又惡知散木？

匠石覺而診其夢。弟子曰：「趣取無用，則爲社何邪？」曰：「密，若無言。彼亦直寄焉，以爲不知己者詬厲也。不爲社者，且幾有翦乎？且也彼其所保與衆異，而以義譽之，不亦遠乎？」

診，占也。弟子聞其夢中之言，乃曰：此木之志趣若取於無用，則何必用而爲社？密者，猶言汝閉口勿言也。彼指櫟也，其所以爲社者，亦直寄寓而已，豈料今日又爲汝不知己之人以爲社而詬厲之？詬，罵；厲，責辱也。使其縱不爲社，亦豈有人翦伐之？彼之所保自與衆人不同，而汝乃以義理求其毁譽，相去遠矣。所保，猶言所守也。且幾有翦乎，此幾字與殆字同意。

南伯子綦游乎商之丘，見大木焉有異，結駟千乘，隱將芘其所藾。子綦曰：「此何木也哉？此必有異材夫〔一〕。」仰而視其細枝，則拳曲而不可以爲棟梁；俯而視其大根，則軸解而不可以爲棺槨；咶其葉，則口爛而爲傷；嗅之，則使人狂酲，三日而不已。子綦曰：「此果不材之木也，以至如〔二〕此其大也。嗟乎，神人以此不材。宋有荆氏者，宜楸、柏、桑。其拱把而上者，求狙猴之杙者斬之；三圍四圍，求高名之麗者斬之；七圍八圍，貴人富商之家求樿傍者斬之。故未終其天年，而中道夭於斧斤，此材之患也。故解之以牛之白顙者與豚之亢鼻者，與人有痔病者不可以適河。此皆巫祝以知之矣，所以爲不祥也。此乃神人之所以爲大祥也。

此段與前段同，但就中又紬繹數句別説話。見大木焉有異者，言其大有異於尋常也。雖有千乘之駟馬隱於此樹之下，而求其所蔭藾，亦能芘之，故曰隱將芘其所藾。芘，自我芘物也；藾，彼求蔭於我也。軸解，不實也，如今芋莖然。咶，食紙反。以舌咶之，則爛人之口。以鼻嗅之，則着人如醉，言其臭也。此木惟其不才，所以能全其生，至於如此其大。古之神人所以全其生者，亦以此不才而已，故曰神人以此不才。嗟乎，嘆美而言之也。荆氏，地名也。楸、柏、桑三者，可用之木也，前言可食之木，此言可用之木。宜，地氣所宜也。杙，椿也。麗，屋棟也。高名，大家也，「高明之家，鬼瞰其室」〔三〕，二字本同，但明字音同而字異耳。樿傍，爲棺用也。言此地所宜之木，或拱把而見伐，或三圍四圍而見伐，或八圍七圍而見伐，言不可得而留，惟其有可用，所以自禍如此。

解，古巫祝者書名也。解之中有曰：牛白顙者，豚額折而鼻高者，皆不可以祭河。古者或以人祭河，如西門豹之事〔四〕，故添痔病一句。莊子好奇，專要添此等説話。適者，往也，言不可以之往祭於河也。此三者之不可用，巫祝之人皆以爲不祥，而不知惟其不祥，所以免殺身之禍，其在神人觀之，則此不祥乃大祥也。凡此二段，皆言處世之難，若求以自見於世，必招禍患，故以此譬之。

校注

〔一〕「人」，原作「矣」，據宋本、道藏本改。

〔二〕「如」，宋本、道藏本作「於」。

〔三〕「高明」二句，見漢書卷八十七揚雄傳所載揚雄解嘲。

〔四〕西門豹之事，見史記卷一百二十六滑稽列傳。

支離疏者，頤隱於齊，肩高於頂，會撮指天，五管在上，兩髀爲脅。挫鍼治繲，足以糊口；鼓筴播精，足以食十人。上徵武士，則支離攘臂於其間；上有大役，則支離以有常疾不受功；上與病者粟，則受三鍾與十束薪。夫支離其形者，猶足以養其身，終其天年，又況支離其德者乎。」

支離，身體無收拾之貌；疏，其名也。頤下而至臍，其身曲也，肩反出於頂上。會撮，椎髻也。五臟之管皆屬於背，背曲則管向上也。兩髀，腿兩邊也，背曲身下，則髀似其脅也。此形容一廢疾之人爾。挫鍼，縫衣也；治繲，浣衣也。以此爲糊口之計。鼓筴，以箕簸米也，播去其粗，而得精米，故曰播精足以食十人，言其速也。徵召武士，選戰者也；攘臂於其間，言選擇不及己也。大役，工役也；不受功，不以此事責之也。功如左氏晉人城杞，賦功於諸侯。戰役之事，既皆得免，而又以病得粟與薪，此亦以不才自全之意。支離其德，言至人之德亦如此支離者，以無用爲大用也，此與不材之木亦同意。

孔子適楚，楚狂接輿遊其門曰：「鳳兮鳳兮，何如德之衰也？來世不可待，往世不可追也。天下有道，聖人成焉；天下無道，聖人生焉。方今之時，僅免刑焉。福輕乎羽，莫之知載；禍重乎地，莫之知避。已乎已乎，臨人以德。殆乎殆乎，畫地而趨。迷陽迷陽，無傷吾行。吾行卻曲，無傷吾足。」山木自寇也，膏火自煎也。桂可食，故伐之；漆可用，故割之。人皆知有用之用，而莫知無用之用也。

此段因論語所有借以譏侮聖門也〔一〕。來世既不可待，已往之世又不可追，既生斯世而爲斯人，時既不可爲，則當自晦而已。於此而強懷救世之意，非知時者也，故曰德衰。天下有道，則聖人可以成其功；天下無道，則聖人全其生而已。方今之時，亂世也，但以苟免於刑爲幸耳，又何敢他求乎？故曰方今之時，僅免刑焉。處亂世而僅免刑以全其生，此特一羽之福，而汝亦不知有之。載，受而有之也。亂世之禍，苟及其身，常至殺戮，是重於地也，而汝亦不知避之。韓詩曰：「榮華不滿眼，殃禍大如屋。」〔二〕即此意也。已乎已乎，猶言休休也。以德自尊，而下臨他人，取禍之道也。殆乎，危乎也。畫地而趨，言其自拘束以自苦，如畫地而行焉。陽，明也，人之本性本來光明，汝迷而失之，則必至行於世而有傷。郤曲者，言回護避就也，不能任真直道而行，如此回護避就，則必至於傷吾足。傷吾足者，言其不可行也。山木以有用而招斤斧之禍，是自取寇傷也；膏火以明而可用，自取煎熬；桂因可食，而後人伐之；漆因可用，而後人割之。此皆不能自隱，求名於世，以招禍患者之譬也。故曰人知有用之用，不知無用之用。

校　注

〔一〕「因論語所有」句，指論語微子中「楚狂接輿歌而過孔子」章。

〔二〕「韓詩」二句，韓愈寄崔二十六立之：「歡華不滿眼，咎責塞兩儀。」

内篇德充符第五

符，應也，有諸己則可以應諸外。充，足也，德足於己，則隨所應而應也。

魯有兀者王駘，從之遊者與仲尼相若。常季問於仲尼曰：「王駘，兀者也，從之遊者與夫子中分魯。立不教，坐不議，虛而往，實而歸。固有不言之教，無形而心成者邪？是何人也？」仲尼曰：「夫子，聖人也，丘直後而未往耳。丘將以爲師，而況不若丘者乎？奚假魯國？丘將引天下而與從之。」常季曰：「彼兀者也而王先生，其與庸亦遠矣。若然者，其用心獨若之何？」

常季，孔子弟子也。中分魯者，言魯人之從夫子者半，而從駘者半也。立不教，與弟子立而無所教；坐不議，與弟子坐而無所言。而往從之者皆空虛未有所見，一見而歸，即充然而有得矣。無形，無所見也；心成，心感之而自化成也。常季見其如此，故疑以爲問。仲尼曰夫子，指王駘也。直後而未往，言我欲往見之，特尚遲耳。如某者且將師之，況他人乎？奚假，豈特也。引天下，言欲率天下之人皆師之也。彼兀者也而王先生，是一句。王，勝也，言其如此猶勝於先生，則與常人亦遠矣。先生，指孔子也；庸，常人也。

仲尼曰：「死生亦大矣，而不得與之變。

死生亦大矣，此五字乃莊子中一大條貫。釋氏一大藏經，只從此五字中出，所謂「死生事大，如救頭然」〔一〕是也。不得與之變者，言死生之變雖大，而此心不動，亦不能使我與之變也。不得，不能也；與之變者，隨之而變也。此語謂出於孔子，乃莊子之寓言。儒家闢以爲異端者，謂其於他事皆不講明，而終身只學此一件，〔二〕其說甚正。然釋氏之學，正以下愚之人貪着昏沉而不可化，故以此恐懼之，而使之爲善耳。其教雖非，其救世之心亦切，爲吾儒者，不容不闢其說，而亦不可不知其心也。彼以人無貴賤，所畏者死耳，故欲以此脅持之，使入於道。或謂釋氏畏死而爲此學，失其心矣。

校注

〔一〕「死生事大，如救頭然」，壇經行由品第一：「大師（弘忍）言：世人生死事大，欲得傳付衣法，今門人作偈來看。」又壇經機緣品第七：永嘉玄覺禪師曰：「生死事大，無常迅速。」如救頭然即如救頭燃，喻危急之義。當來變經曰：「三途之難，不可稱計。勤修佛法，如救頭然。」

心地觀經卷五：「精勤修習，未當暫捨，如去頂石，如救頭然。」

〔一二〕「儒家」三句，河南程氏遺書卷十八：「又問：『釋氏臨終，亦先知死，何也？』(伊川)曰：『只是一箇不動心，釋氏平生只學這箇事，將這箇做一件大事。學者不必學他，但燭理明，自能之。』」

雖天地覆墜，亦將不與之遺。審乎無假而不與物遷，命物之化而守其宗也。」

天地覆墜，猶大傳言「乾坤毁」也。遺者，落也，言天地雖墜，而我亦不與之墜落，亦猶前所謂入水不濡，入火不熱。讀莊子之書，與語、孟異，其語常有過當處，是其筆法如此，非真曰天地能覆墜也。審者，明也，見之盡也；無假者，實也。如此等句皆莊子下字造語之妙處，若言明乎實，則拙矣。不與物遷，與不得與之變、不與之遺同。命物之化者，言萬物之變化皆受命於我，此猶禪家所謂「心迷法華轉，心悟轉法華」〔一〕也。宗者，言萬物之始也，守其宗者，言斯人之所守，在於萬物之始，亦猶前所謂「有始也者，有未始有始也者」之意。莊子之書，如宗字只訓始字，求其意，則不止曰始而已，如此讀得，方見其妙處。守其宗者，全體也；遊其和者，大用也。

校注

［一］「心迷法華轉」二句，壇經機緣品第七：（慧能爲法達説偈）：「心迷法華轉，心悟轉法華；誦經久不明，與義作讎家；無念念即正，有念念成邪；有無俱不計，長御白牛車。」

常季曰：「何謂也？」仲尼曰：「自其異者視之，肝膽楚越也；自其同者視之，萬物皆一也。

常人不知萬物之同出於一初，雖其肝膽，亦自分楚越。知其同出於一初，則萬物皆與我爲一也。此兩句看他下語開闔處，前後能文之士，用此機關者不少。蓋莊子之書，非特言理微妙，而其文獨精絶，所以度越諸子。

夫若然者，且不知耳目之所宜，而遊心乎德之和。

耳於聽，宜也；目於視，宜也。彼能如此，則不獨以耳聽，不獨以目視，此禪家所謂六用一原[一]也。音豈可觀，而曰觀世音，[二]此雖異端之言，而皆有深意。德之和者，與天地四時同也，此和字非若中庸所謂「中節」之和[三]而已，讀此書當別具一隻眼。

校注

〔一〕「六用一原」，古尊宿語錄卷一：「馬祖道一曰：『一切衆生從無量劫來，不出法性三昧，長在法性三昧中。着衣喫飯，言談祇對，六根運用，一切施爲，盡是法性。不解返源，隨名逐相，迷情妄起，造種種業。』」若能返源，則六根清淨，且能互用。

〔二〕「音豈可觀」二句，法華經普門品：「苦惱衆生，一心稱名。菩薩卽時觀其音聲，皆得解脱，以是名觀世音。」楞嚴經卷六亦有類似之説。

〔三〕中庸之語，禮記中庸：「喜怒哀樂之未發，謂之中；發而皆中節，謂之和。」

物視其所一而不見其所喪，視喪其足猶遺土也。」

物視其所一而不見其所喪，言其觀於萬物無欠剩，卽讀夔蚿一段，便是此意，此又翻公文軒介與之説也。遺土，猶言如土之自遺墜而不知也。

常季曰：「彼爲己以其知，得其心以其心。得其常心，物何爲最之哉？」

爲己，修身也；以其知，言人有此識知，則能修此身。得其心以其心者，言有此知覺之心，則能得其本然之心。本然之心與知覺之心，非二物也，特如此下語耳。其意蓋謂人皆有知，人皆有心，苟能盡之，則可以爲己，可以得心，亦是常事耳，故曰得其常心。最者，尊之也，不曰尊，而曰最，此莊子之文所以奇也。物，人物也。

仲尼曰：「人莫鑑於流水而鑑於止水，唯止能止衆止。

流水、止水，皆以喻心。流者，不能止者也，能止其心，所以獨賢於人。衆人以欲止之心就其求止焉，惟斯人則能之，故曰惟止能止衆止。此一句蓋言未能安其心之人而求教於彼，彼乃能教之而使之安，却如此下六字，豈不奇哉？禪家所謂「將心來，與汝安」。學者曰：「求心了不可得。」其師曰：「與汝安心竟。」〔一〕便是此一段話。

校注

〔一〕「禪家」三句，景德傳燈録卷三：「光（慧可）曰：『我心未寧，乞師與安。』師（達摩）曰：『將心來，與汝安。』曰：『覓心了不可得。』師曰：『我與汝安心竟。』」以「安心」爲修道第一着，首見于求那跋陀羅（見楞伽師資記），後達摩組織入「二入四行」中，以理入來安心（見續高僧傳卷十六菩提達摩傳）。

受命於地，惟松柏獨也在冬夏青青；受命於天，惟舜獨也正，幸能正生，以正衆生。

以松柏比舜，以舜比王駘，但言其得於天者獨異於衆人，故能正其所生，以正衆人之所生，此生字只是性字。或曰：舜豈可比王駘？若如此讀莊子，是癡人前説夢也。

夫保始之徵，不懼之實。勇士一人，雄入於九軍。將求名而能自要者，而猶若是。

徵，證也，驗也；保，守也。守其始初之一語，而必有證有驗。只一信字，却如此下句。不懼下着一實字，無此實，則不能不懼矣。九軍者，言衆兵也，或戰國之時有爲九陣者，亦未可知，不必拘天子六軍、諸侯三軍之説。自要，自信也。荆軻、聶政之徒，求名而自信者也。彼惟守此一信，且能不變於死生，而況有道者乎？此一段，今觀佛書中有坐蟒岩、守虎穴者，亦只此不懼之實而已。莊子如此等處，皆有所見，非特寓言也。

而況官天地，府萬物，直寓六骸，象耳目，一知之所知，而心未嘗死者乎？

官天地，天覆地載，天生地成，各職其職而已。府者，聚也，萬物隨其所聚而聚。此卽天地與我並生，萬物與我爲一之意。孟子曰：「萬物皆備於我。」亦是府萬物之意，但語脉有不同耳。寓六骸者，言六骸者，吾所寄也。象耳目，與不知耳目之所宜同意，目象目而不止於視，耳象耳而不止於聽，故曰象耳目。一知之所知，上音智，下如字，智者得之於性，知者智之用也，以其得於天者而無所不知，故曰一知之所知。心無所見曰死。

彼且擇日而登假？人則從是也。彼且何肯以物爲事乎？」

登，升也；假，至也，注音賈、音遐皆誤。彼豈擇日而至於道乎？言不擇日而升至於道，無時而不在道也，即道不須臾離之意。人之所以從學於王駘者，從是而已，此是字重。以物爲事，物者，人也，言彼豈肯以爲人爲事乎。蓋人自求學於彼，彼何嘗求以教人？

申徒嘉，兀者也，而與鄭子産同師於伯昏無人。子産謂申徒嘉曰：「我先出則子止，子先出則我止。」其明日，又與合堂同席而坐。子産謂申徒嘉曰：「我先出則子止，子先出則我止。今我將出，子可以止乎？其未邪？且子見執政而不違，子齊執政乎？」申徒嘉曰：「先生之門，固有執政焉如此哉？子而悦子之執政而後人者也？聞之曰：『鑑明則塵垢不止，止則不明也。久與賢人處則無過。』今子之所取大者，先生也，而猶出言若是，不亦過乎？」子産曰：「子既若是矣，猶與堯爭善，計子之德不足以自反邪？」

我出子止，子出我止，欲其相避也，申徒嘉又不如其約。不違者，不避也。齊者，同也；執政，自謂也。言子與我同出入，則與執政同矣。後人者，先己也，先己而後人，則是貴我而賤物。有學問則見識廣大，取者，求也，言子學於先生，將求以廣其見識，乃淺狹如此乎？取大兩字佳。與堯爭善四字最奇，言子既兀矣，縱能爲善，得如堯乎？自反，言其不自量也。

申徒嘉曰：「自狀其過以不當亡者衆，不狀其過以不當存者寡。知不可奈何而安之若命，唯有德者能之。遊於羿之彀中，中央者，中地也；然而不中者，命也。人以其全足笑吾不全足者衆矣，我怫然而怒；而適先生之所，則廢然而反。不知先生之洗我以善耶？吾與夫子遊十九年矣，而未嘗知吾兀者也。今子與我遊於形骸之内，而子索我於形骸之外，不亦過乎？」子産蹵然改容更貌曰：「子無乃稱。」

狀，述也。聲述其過，以爲足不當亡者，衆人皆然；不言其過，以爲不當存者，已鮮矣。唯有德者知事事有命，豈人之所能奈何哉？此三句是三等人。若命，順命也。遊彀中數語極奇絶，此易所謂「履虎尾」也。老子曰：「吾有大患，爲吾有身。」人之生世，動是危機。易以虎尾喻，已爲奇矣，而莊子曰羿之彀中。彀中者，張弓而射，箭端所直之地也。善射莫如羿，彀中乃其必中之地，喻世之危如此，況在戰國之時，此語尤切心。幸而不中者，命也。廢然，乃自失之意，言其怒至此盡失去之。反，歸也，言一見先生，而歸皆失其所以怒矣。洗字甚佳，言以善道告我，如洗滌我而不自知也。形骸内外一句最好，此皆前書所未有者。稱者，謂其能言也，如左傳所謂「魯人以爲敏」。

魯有兀者叔山無趾，踵見仲尼。仲尼曰：「子不謹，前既犯患若是矣。雖今來，何及矣？」無趾曰：「吾惟不知務而輕用吾身，吾是以亡足。今吾來也，猶有尊足者存，吾是以務全之也。夫天無不覆，地無不載，吾以夫子爲天地，安知夫子之猶若是也？」孔子曰：「丘則陋矣。夫子胡不入乎？請講以所聞。」無趾出。孔子曰：「弟子勉之。夫無趾，兀者也，猶務學以復補前行之惡，而況全德之人乎？」無趾語老聃曰：「孔丘之於至人，其未邪？彼何賓賓以學子爲？彼且蘄以諔詭幻怪之名聞，不知至人之以是爲己桎梏邪？」老聃曰：「胡不直使彼以死生爲一條，以可不可爲一貫者，解其桎梏，其可乎？」無趾曰：「天刑之，安可解？」

踵見，繼見也。不知務猶言不曉事也。尊足者，性也，尊足二字下得奇，所可貴者，不在形骸之外也。賓賓，司馬云「恭貌」是也。諔詭幻怪，只言好名而已。己桎梏者，言名爲己之累也。天刑之，猶天罰之，不與之以道也。莊子借孔子以爲言，或抑或揚，皆寓言也。但如此段曰無趾，兀者也，猶務學以復補前行之惡，而況全德之人乎？此語亦有益於世教。死生爲一條，可不可爲一貫，卽齊物篇可乎可，不可乎不可之意。

魯哀公問於仲尼曰：「衛有惡人焉，曰哀駘它。丈夫與之處者，思而不能去也。婦人見之，請於父母曰『與爲人妻，寧爲夫子妾』者，數十〔二〕而未止也。未嘗有聞其唱者也，常和人而已矣。無君人之位以濟乎人之死，無聚祿以望人之腹。又以惡駭天下，和而不唱，知不出乎四域，且而雌雄合乎前。是必有異乎人者也。寡人召而觀之，果以惡駭天下。與寡人處，不至以月數，而寡人有意乎其爲人也；不至乎期年，而寡人信之。國無宰，寡人傳國焉。悶然而後應，氾而若辭。寡人醜乎，卒授之國。無幾何也，去寡人而行，寡人卹焉若有亡也，若無與樂是國也。是何人者也？」

惡人者，形醜者也。不倡常和，言其無所作爲也。無君人之位者，言其無貴權也。聚祿，富也；望人之腹者，飽也。望，滿也，月盈曰望。看此等下字，莊子之筆端，豈可及哉？知不出乎四域，言其所知，非出於世外也。雌雄合其前，與物狎也，此卽鷗鳥不驚〔二〕之意。悶然，無意而答之意。氾者，無繫着之意。寡人醜乎，醜者，愧也。授之國者，授以國政也。卹焉若有亡，卽漢王「如失左右手」〔三〕之意。

校注

〔一〕「數十」，宋本、道藏本作「十數」。

〔二〕「鷗鳥不驚」，列子黃帝：「海上之人有好漚鳥者，每旦之海上，從漚鳥游，漚鳥之至者百住而不止。其父曰：吾聞漚鳥皆從汝游，汝取來吾玩之。明日之海上，漚鳥舞而不下也。」

〔三〕「漢王」句，史記卷九十二淮陰侯列傳：「（蕭）何聞（韓）信亡，不及以聞，自追之，人有言上曰：『丞相何亡。』上大怒，如失左右手。」

仲尼曰：「丘也嘗使於楚矣，適見㹠子食於其死母者，少焉，眴若皆棄之而走。不見己焉爾，不得類焉爾。所愛其母者，非愛其形也，愛使其形者也。戰而死者，其人之葬也，不以翣資；刖者之屨，無爲愛之，皆無其本矣。爲天子之諸御，不爪翦，不穿耳；取妻者止於外，不得復使。形全猶足以爲爾，而況全德之人乎？今哀駘它未言而信，無功而親，使人授己國，惟恐其不受也，是必才全而德不形者也。」

㹠子之喻，謂人之愛惡不在於形骸之美惡也。眴若，驚貌。不得類者，不似始者也。己，身也，言不見其身得似始者。故如此分下兩句，此皆莊子弄筆處。愛使其形之説，若以名教律之，此語大有罪，豈古人所謂「事死如事生」〔一〕，不忍死其親之意。此皆其形容之文，有〔二〕過當處，不可以此律之，亦不可不知其非也。戰死不用翣，非行禮之喪也；資，用也。刖者於屨而無所愛，外飾無所施也。此亦形容有德在内不在外之意。天子之御，不爪翦，不穿耳，不修飾而全其形之意。新娶者免役，禮記有之。〔三〕不得復使，言官中不得役之也，此借全形以形容全德之義。

校注

〔一〕古人所言，禮記祭義：「事死如事生，思死者如不欲生。」禮記中庸：「事死如事生，事亡如事存，孝之至也。」

〔二〕「有」上，宋本有「時」字。

〔三〕「新娶者」句，禮記禮運：「故仕於公曰臣，仕於家曰僕。三年之喪與新有昏者，期不使。」

哀公曰：「何謂才全？」仲尼曰：「死生、存亡、窮達、貧富、賢與不肖、毀譽、饑渴、寒暑，是事之變，命之行也；日夜相代乎前，而知不能規乎其始者也。故不足以滑和，不可入於靈府。使之和豫通而不失於兑。使日夜無郤而與物爲春，是接而生時於心者也。是之謂才全。」

此段歸結在才全德不形一句。前言死生亦大，而不得與之變，於此又以死生、存亡、窮達、貧富、毀譽、饑渴、寒暑等總言之，此是紬繹發越處。規者，求也，此等事之變，天命之行，日夜相更迭於目前，雖有知者亦不能求其始，不過曰自然而然爾。不足以滑和者，言不能滑亂胸中之和也，只是不得與之變一句。不入於靈府者，不動其心也。和豫通三字一意。豫，悦也；通，流通也。心既不動，則使之自然和順豫悦流通而不失其兑，兑亦悦也。此一句便是莊子之文，和豫通，猶曰周徧咸也，見後篇。日夜無郤者，言日新而不已也，郤，止也。與物爲春者，隨所寓而皆爲樂也，物，事物也，此春字與兑字同。接而生時於心者，即佛經所謂「無所住而生其心」〔一〕也。接猶感也，時猶時中之時也。隨事之所感而應之，不偏不滯，故曰生時於心。才者，質也，如孟子曰「天之降才」也；才全，猶言全其質性也。

校注

〔一〕「無所住而生其心」，金剛經：「是故，須菩提，諸菩薩摩訶薩，應如是生清淨心：不應住色生心，不應住聲香味觸法生心，應無所住而生其心。」六祖慧能聞説至此處而大悟。楞嚴經中亦有相同語。大珠慧海頓悟入道要門論釋曰：「不住一切處者，不住善惡有無内外中間，不住空，亦不住不空，不住定，亦不住不定，卽是不住一切處，只箇不住一切處，卽是住處也。得如是者，卽名無住心也。無住心者是佛心。」

「何謂德不形？」曰：「平者，水停之盛也。其可以爲法也，内保之而外不蕩也。德者，成和之脩也。德不形者，物不能離也。」哀公異日以告閔子曰：「始也吾以南面而君天下，執民之紀而憂其死，吾自以爲至通矣。今吾聞至人之言，恐吾無其實，輕用吾身而亡吾國。吾與孔丘，非君臣也，德友而已矣。」

德不形者，言其德無所可見也。水停則平，平則可以爲法。法，準則也。内保，停也；外不蕩，止也。卽前所謂鑒於止水者，又如此變下其文。和者，中和之和也，成者，全也，全此性中之和，是其德之修也。德不形，隨事物而見，言其無所往而非德，非一端所可名，故曰德不形者，物不能離也。執民之紀四字佳，卽是執國之柄；憂其死者，言能愛民也。哀公安得南面而君天下？此皆莊子下筆過當不照管處。非君臣也，德友而已矣，與孟子「友之云乎」意同，皆是寓言，不可以實求之。

闉跂支離無脤說衛靈公，靈公悅之，而視全人，其脰肩肩。甕㼜大癭說齊桓公，桓公悅之，而視全人，其脰肩肩。故德有所長而形有所忘，人不忘其所忘，而忘其所不忘，此謂誠忘。

闉跂，曲背也；支離，傴之貌也；無脤，無脣也。傴曲缺脣，醜之甚也。肩肩者，細長之貌也。甕㼜大癭，項瘤者也。此兩句皆喻人之好惡不在於形骸之外，傴瘤之人得意於君，視全人反不如之，故曰德有所長，形有所忘，言愛其德而忘其形。人不忘其忘，而忘其所不忘，此兩句極佳，即孟子一指不若人之喻〔一〕。所可忘者，形也；所不可忘者，德也。誠忘者，真忘也，知有形而不知有德者，真忘也。

校注

〔一〕孟子之喻，孟子告子上：「今有無名之指，屈而不信，非疾痛害事也，如有能信之者，則不遠秦楚之路，爲指之不若人也。指不若人，則知惡之，心不若人，則不知惡，此之謂不知類也。」

故聖人有所遊，而知爲孽，約爲膠，德爲接，工爲商。聖人不謀，惡用知？不斲，惡用膠？無喪，惡用德？不貨，惡用商？四者，天鬻也。天鬻也者，天食也。既受食於天，又惡用人？

聖人有所遊，遊者，即所謂心有天遊是也。知，去聲，以智處事也；約，以禮自檢束；工，藝能也；孽，菑孽也；膠，泥也，固也；接，接於外而忘其內也；商，賈也，如所謂買名於天下也。心有天遊，則知此四者皆吾之累矣。聖人無所謀於世，則不用智矣；不斲削而自合於理，則不用約矣；守其內而無事乎外，則不用德矣；不貨者，不求售也，則不用藝能矣。四者，不謀、不斲、無喪、不貨也。天鬻、天食，天祿也，猶言天爵也。既受食於天，又惡用人，猶言有天爵而不求人爵也。以接而生時於其心、才全而德不形、一智之所知，由前言之，三字皆是好字，到此段，接、德、智又成不好字，此鼓舞其筆，不照前後，所以爲異端之書。

有人之形，無人之情。有人之形，故羣於人；無人之情，故是非不得於身。眇乎小哉，所以屬於人也。謷乎大哉，獨成其天。惠子謂莊子曰：「人故無情乎？」莊子曰：「然。」惠子曰：「人而無情，何以謂之人？」莊子曰：「道與之貌，天與之形，惡得不謂之人？」惠子曰：「既謂之人，惡得無情？」莊子曰：「是非吾所謂情也。吾所謂無情者，言人之不以好惡內傷其身，常因自然而不益生也。」惠子曰：「不益生，何以有其身？」莊子曰：「道與之貌，天與之形，無以好惡內傷其身。今子外乎子之神，勞乎子之精，倚樹而吟，據槁梧而瞑。天選子之形，子以堅白鳴。」

此段乃莊子與惠子問辯之言。有人之形以下，乃莊子尋常有此語，惠子因而問之也。群於人者，言與人同類也。是非不得於身者，言無入而不自得，超出於是非之外。獨成其天，與天爲徒也。言人能外於是非，無入不自得，則與天爲徒，而所造者大矣。天與之形者，有物也；道與之貌者，「物必有則」〔一〕也。吾所謂無情，言人不以好惡之情而内傷其身者，有益則有損，常因自然，則無所益，亦無所損矣。言有餘不足皆爲病，益生者，有餘之病也。好惡出於自然而無所着，則無所損益矣。惠子曰不益生何以有其身，是以益生爲資生，非莊子之意也。莊子與惠子爲至密之友，惠子博學而好辯，故莊子以外神勞精譏之。外神者，神用於外也，猶言神不守舍是也。槁梧，枯木以爲几也；瞑，倦也。堅白，辯之名也。選，授也，言天授子之形，而子乃自苦如此，何也？只一鳴字，韓文公就此抽出成一篇序〔二〕，如許其妙。莊子安得不爲作者？

校注

〔一〕「物必有則」，孟子告子上：「詩曰：『天生蒸民，有物有則，民之秉彝，好是懿德。』孔子曰：『爲此詩者，其知道乎。故有物必有則，民之秉彝也，故好是懿德。』」

〔二〕「韓文公」句，韓愈送孟東野序：「大凡物不得其平則鳴。」

莊子鬳齋口義卷三

内篇大宗師第六

大宗師者，道也，猶言聖法天，天法道，道法自然也。〔一〕

校注

〔一〕「聖法天」三句，老子二十五章：「人法地，地法天，天法道，道法自然。」

知天之所爲，知人之所爲者，至矣。知天之所爲者，天而生也；知人之所爲者，以其知之所知，以養其知之所不知，終其天年而不中道夭者，是知之盛也。雖然，有患。夫知有所待而後當，其所待者特未定也。庸詎知吾所謂天之非人乎？所謂人之非天乎？且有真人而後有真知。

人之牛也，凡事皆出於天，故曰天所爲。然身處世間，人事有當盡者，故曰人所爲。人事盡而天理見，是以其智之所知以養其知之所不知也。不役役以傷生，故曰終其天年；既知天又知人，故曰知之盛也。此數語甚正。雖然有患而下，此一轉尤妙。知有所待而後當，知在我，所待者在外，或無所求而自得，或必有求而後得，皆不可得而定。當者，定也，亦當否之當也，事既定而後見其當與不當，此一字下得最工。若以爲出於天，又必求而後得，若以爲出於人，又有求而不得者，此所謂詎知天之非人，人之非天也。譬如「壽夭不貳」〔一〕，莫非命也，而又曰「知命者不立乎巖牆之下」〔二〕，便見天所爲與人所爲不定處。莊子看世事最精，此等處當子細玩味。必有真人而後有真知，此言有道者也。

校注

〔一〕「壽夭不貳」，孟子盡心上：「殀壽不貳，修身以俟之。」

〔二〕「知命者」句，見孟子盡心上。

何謂真人？古之真人，不逆寡，不雄成，不謩士。若然者，過而弗悔，當而不自得也。若然者，登高不慄，入水不濡，入火不熱。是知之能登假於道也若此。

寡，不足也；不逆，順也。當不足之時，卽聽順之。功雖成，亦不以爲誇，雄，誇也。士與事同，古字通用，如東山詩曰「勿士行枚」也。謩，謀也，無心而爲之，故曰不謩事。過而弗悔，過，失也，猶今曰蹉過也。當而不自得，當，諦當也，猶今曰恰好也，事成也；自得，自多也。凡事或失或成，皆委之自然，不以失爲悔，不以成爲喜也。登高不慄，入水不濡，入火不熱，卽無入而不自得也。知之能登假於道，言其所見深造於道也。兩若然者，此是莊子筆勢。知與智同；假，至也。

古之真人，其寢不夢，其覺無憂，其食不甘，其息深深。真人之息以踵，衆人之息以喉。屈服者，其嗌言若哇。其嗜欲深者，其天機淺。

其寢不夢，神定也，所謂至人無夢是也。其覺無憂者，與接爲構，而不以心鬭也。其食不甘，卽無求飽之意，禪家所謂〔一〕「塞飢瘡」〔二〕是也。其息深深，真人以踵，衆人以喉，道書修養之論其原在此。神定，則其出入之息深深，皆自踵而上，至於口鼻，所以有數息之法。神無所養，則其出入之息，止於喉間而已。靜躁不同，體於身者見之。哇，吐也；嗌，咽也。內無真見，言語只在口頭，所以易屈服於人。此一句看參禪問話者，方見得莊子之言有味，如所謂「蝦蟆禪只跳得一跳」〔三〕，便是若哇之易屈服也。嗜慾者，人欲也；天機者，天理也。曰深淺者，卽前輩所謂天理人欲隨分數消長也〔四〕。此一段，一句是一條貫，道書佛書皆原於此，足見此老自得處，不可草草讀過。惜不見大慧、張平叔〔五〕與之論此。

校注

〔一〕「謂」，原作「爲」，據宋本、道藏本改。

〔二〕「塞飢瘡」，佛家以兩眼、兩鼻、兩耳、一口、兩便道爲九孔，以常流不淨，故名九瘡（見須彌藏經、行事鈔資持記）。禪家稱喫飯爲療飢瘡（或稱補飢瘡、塞飢瘡），道信曰：「能作三五年，得一口食療飢瘡，即閉門坐。」（敦煌卷子傳法寶記）

〔三〕「蝦蟆禪只跳得一跳」，禪師謂一知半解不能融會貫通之不活脱不自由之死禪爲蝦蟆禪，大慧普覺禪師宗門武庫載真淨嘲劉宜翁曰：「蝦蟆禪衹跳得一跳。」

〔四〕「卽前輩所謂」句，朱子語類卷十三：「有箇天理，便有箇人欲。蓋緣這箇天理有箇安頓處，才安頓得不恰好，便有人欲出來。天理人欲分數有多少。天理本多，人欲也便是天理裏面做出來，雖是人欲，人欲中自有天理。」「此勝則彼退，彼勝則此退，無中立不進退之理。」

〔五〕「大慧、張平叔」，宗杲，宋臨濟宗楊岐派名僧，宋孝宗賜號大慧禪師。有語録等傳世，其中多引儒道之論。張伯端，字平叔，北宋道士，道教南宗或紫陽派祖師。著悟真篇，宣揚内丹修煉和道、禪、儒「三教一理」的理論。

古之真人，不知悦生，不知惡死；其出不訢，其入不距〔二〕；翛然而往，翛然而來而已矣。

不忘其所始，不求其所終，受而喜之，忘而復之，是之謂不以心捐道，不以人助天，是之謂真人。

此一段只說生死。出，生也；入，死也。翛然而往，翛然而來，不忘所始，不求所終，受而喜，忘而復，卽是生死兩字。不距者，不逆也。翛然，隨之之意也。不忘所始，不求所終，卽所謂「原始要終，故知死生之說」〔二〕也。或問趙州曰：「和尚百歲後向那裏去？」州云：「火燒過後，成一株茅葦。」〔三〕是不求其所終也。受，受其形也，得之於天，安得不喜？復，歸也，全而歸之，無所係念，故曰忘而復之。不以心捐道，卽心是道〔四〕，心外無道也。不以人助天，壽夭有命，人力無所加也。此十字，當子細讀之。不捐者，不斯須離之意。

校注

〔一〕「距」，原作「詎」，宋本同，據道藏本改。下同。

〔二〕「原始」二句，易繫辭上：「原始反終，故知死生之說。」

〔三〕「趙州」語，五燈會元卷十三：「僧問：『亡僧遷化向甚麼處去？』師（洞山良价）曰：『火後一莖茆。』」趙州有無此語待考。

〔四〕「卽心是道」，景德傳燈錄卷七：「（大梅法常）初參大寂（馬祖道一）問：『如何是佛？』大寂云：『卽心是佛。』……師（大梅法常）上堂示衆曰：『汝等諸人，各自迴心達本，莫逐其末，但得其本，其末自至。若欲識本，唯了自心，此心原是一切世間、出世間法根本，故心生種種法生，心滅種種法滅，心且不附一切善惡，而生萬法，本自如如。』

若然者，其心志，其容寂，其顙頯；淒然似秋，煖然似春，喜怒通四時，與物有宜而莫知其極。

志者，有所主而定之意。此書字義，不可以語、孟之法求之。前輩云：佛氏説性，止説得心。〔一〕既曰異端矣，又安得以吾書字義求之。寂，靜也，面壁十九年〔二〕，是其容寂處。頯，大也；顙，額也。頭容直，故見其顙頯然。淒然，怒也；煖然，喜也。無心而喜怒，猶四時之春秋也。極，止處也；物，事物也。隨事而處，各得其宜，而無一定所止之地，卽所謂以接而生時乎其心者也。

校注

〔一〕前輩之言，朱子語類卷一百二十六：「徐子融有『枯槁有性無性』之論。先生曰：『性只是理，有是物斯有是理。子融錯處是認心爲性，正與佛氏相似。只是佛氏磨擦得這心極精細，如一塊物事，剝了一重皮，又剝一重皮，至剝到極盡無可剝處，所以磨弄得這心精光，它便認儆性，殊不知此正聖人之所謂心』」。

〔二〕「十九年」，疑誤，達摩只面壁九年。

故聖人之用兵也，亡國而不失人心；利澤施乎萬世，不爲愛人。

用兵，毒天下也。施澤，愛天下也。皆以無心行之，則亡國者亦不怨，被其德者亦曰：「帝力於我何有〔一〕？」吾書亦有此意，但莊子之筆，形容處説得多過當，如曰澤及萬世而不爲仁，甕萬物而不爲義，皆是此類。

校　注

〔一〕「帝力」句，帝王世紀所載堯時老人擊壤歌之句。

故樂通物，非聖人也；有親，非仁也；天時，非賢也；利害不通，非君子也；行名失己，非士也；亡身不真，非役人也。若狐不偕、務光、伯夷、叔齊、箕子、胥餘、紀他、申徒狄，是役人之役，適人之適，而不自適其適者也。

此數句乃是譏誚聖賢，以形容真人之不可及，其意蓋謂世無真人，不知至道，自聖人而下，無大無小，皆爲〔一〕非也。樂通物者，聖人之心，以無一物不得其所爲樂也，通，得所也。不任物之窮通而以此爲樂，不足爲聖人矣。無心則無親疏，有疏有親，有心矣，有心則非仁矣。順時而動，知天時者也，賢者以此爲能，亦非也。就利違害，君子能之，未能通利害而爲一，則君子亦非矣。士必爲名，名者實之賓，爲賓失己也，故曰非士。真，自然也，不知自然而勞苦以喪其身，是役於人者，非役人者也。此皆過當之論，故狐不偕而下，如伯夷、叔齊、箕子皆遭譏訕，以爲役於人而失其己者，故曰不自適其適。其語雖偏，其文亦妙，狐不偕、務光、胥餘、紀他、申徒狄，皆古之賢者。不自適，不自得也。

校注

〔一〕「爲」，原無此字，道藏本同，據宋本補。

古之真人，其狀義而不朋，若不足而不承；與乎其觚而不堅也，張乎其虛而不華也；邴邴乎其似喜乎。崔乎其不得已乎。滀乎進我色也，與乎止我德也；厲乎其似世乎。謷乎其未可制也；連乎其似好閉也，悗乎忘其言也。以刑爲體，以禮爲翼，以知爲時，以德爲循。以刑爲體者，綽乎其殺也；以禮爲翼者，所以行於世也；以知爲時者，不得已於事也；以德爲循者，言其與有足者至於丘也，而人真以爲勤行者也。

此一段形容之語，儘有温粹處，但説得太澒洞，佛書中多有此類狀容也。義而不朋，中立而不倚也。慊然若不足，而不自卑。承者，奉承而自卑之意，左傳使之副者曰承[一]。與乎，容與也；觚，德之隅也；觚而不堅，有德之隅而無圭角也。張乎，舒暢之貌也；虚者，有若無也；不華者，實也。邴邴，喜貌，似喜而不喜。崔，下也，處世應物有不得已之意，亦猶悶然而後應也。滀，聚也，充悦之貌；其生色也，睟然見於面，故曰進我色。止我德者，卽所謂虚室，吉祥止止也；與乎，自得之貌。厲，嚴毅之意，望之厲然，亦與世人同也，而其中實有崔乎不得已之意，故曰似世。謷乎，大之意也；無所屈於世，故曰未可制。好閉，不欲開口也；連，合也，密也。方其未言，似不欲言，及其既言，亦若不言，故曰悗乎其忘言也，兩句卽一意。悗乎，俯下之貌。體，本也；翼，附也。聖人則曰：「明于五刑，以弼五教。」[二]此則曰以刑爲本，而禮爲附，皆是反説。綽乎其殺者，雖殺之，而綽綽乎毋忤於我心也。行於世，以禮徇俗也。時乎用知，則用知是不得已而應事也。循德者，循天德而自然也，循乎自然而無所容力。譬如人登小山，有足行者皆自至，人以爲勤勞而後至，言不必勤勞其心而行亦自至也，此無容心之喻也。丘，小山也。

校注

〔一〕「左傳」句，左傳哀公十八年：「（子國）帥師而行，請承。」杜注：「承，佐。」

〔二〕「明于五刑」二句，見書大禹謨。

故其好之也一，其弗好之也一。其一也一，其不一也一。其一與天爲徒，其不一與人爲徒。天與人不相勝也，是之謂真人。

一，自然也，造化也。好與弗好，卽好惡也。其一，同也；其不一，異也。好惡之有異同，皆不出乎造化之外，故曰其一也一，其不一也一。人能以好惡爲同，則知天者也，故曰其一與天爲徒；若以好惡爲異，則知人而不知天者，故曰其不一與人爲徒。以人勝天，不可也；以天勝人，亦不可也。真人則無好無惡，無異無同，無分於天人，但循自然而已，此釋氏所謂「有無俱遣」〔一〕，老子所謂兩者皆歸之玄〔二〕，故曰天人不相勝。此乃一與不一皆一也，一卽大宗師也。

校注

〔一〕「有無俱遣」，圓覺經：「善男子，如來因地修圓覺者，知是空華，卽無輪轉，亦無身心受彼生死，非作故無，本性無故。彼知覺者，猶如虛空，知虛空者，卽空華相，亦不可說無知覺性。

有無俱遣，是則名爲淨覺隨順。」

〔二〕老子言，老子一章：「常無，欲觀其妙；常有，欲觀其徼。此兩者同出而異名，同謂之玄。玄之又玄，衆妙之門。」

死生，命也，其有夜旦之常，天也。人之有所不得與，皆物之情也。彼特以天爲父，而身猶愛之，而况其卓乎？人特以有君爲愈乎己，而身猶死之，而况其真乎？

死生猶旦夜也，易曰「通乎晝夜之道而知」是也。情，實也，人力所不得而預，此則天地萬物之實理也，只命曰天，即此實理也。此數語，蓋以死生之天命，發明一與不一之意。曰父曰君，人世之所尊愛，莫大於此，而是道之大，尤出於君父之上，故曰可以爲衆父父，故曰其有真君存焉。卓，高也，不可及也；真，自然也。此語蓋謂人皆知君知父，而不知道之爲大宗師也。

泉涸，魚相與處於陸，相呴以濕，相濡以沫，不如相忘於江湖。與其譽堯而非桀也，不如兩忘而化其道。夫大塊載我以形，勞我以生，佚我以老，息我以死，故善吾生者，乃所以善吾死也。

相呴、相濡，口相向而相濡潤也。處陸之相濡，不如江湖之相忘，喻人處世而有爲，不若體道而無爲也。譽堯非桀一句，雖若不經，此其獨見自得處。無桀亦無堯，無廢亦無興，無善亦無惡，無毁亦無譽，毀譽、廢興、善惡，皆相待而生，與其分別於此，不若兩忘而付之自然。付之自然，是化之以道也。

佛家曰：「是法平等，無有高下。」〔一〕又曰：「有無俱遣〔二〕。」又曰：「大道無難，惟嫌揀擇。」〔三〕皆此意也。「兩箇泥牛鬬入海，直到如今無消息」〔四〕一語最佳。大塊，天地也。有形而後有生，生則不能無勞，老而筋力衰，則自然安佚矣。息者，休止也。善吾生者，全吾身也，所謂「朝聞道，夕死可矣」〔五〕是也。

校注

〔一〕「是法平等」二句，金剛經（鳩摩羅什譯本）：「是法平等，無有高下，是名阿耨多羅三藐三菩提，以無我、無人、無衆生、無壽者，修一切善法，卽得阿耨多羅三藐三菩提。」阿耨多羅三藐三菩提卽無上正等正覺。

〔二〕「有無俱遣」，見一〇九頁注〔一〕。

〔三〕「大道無難」二句，景德傳燈錄卷三十載僧璨之信心銘，首二句爲：「至道無難，唯嫌揀擇。」

〔四〕「兩箇泥牛」句，景德傳燈錄卷八：「洞山又問：『和尚見箇什麽道理，便住此山？』師（龍山和尚）云：『我見兩箇泥牛鬬入海，直至如今無消息。』師因有頌云：『三間茅屋從來住，一道神光萬境閑。莫作是非來辨我，浮生穿鑿不相關。』」

〔五〕「朝聞道」句，見論語里仁。

夫藏舟於壑，藏山於澤，謂之固矣。然而夜半有力者負之而走，昧者不知也。藏小大有宜，猶有所遯。若夫藏天下於天下而不得所遯，是恒物之大情也。特犯人之形而猶喜之。若人之形者，萬化而未始有極也，其爲樂可勝計邪？故聖人將遊於物之所不得遯而皆存。善夭善老，善始善終，人猶效之，又況萬物之所係，而一化之所待乎？

壑中之舟，澤中之山，可謂藏之固密，而有時乎失之。夜半有力，言造化也；負之而走，失也。言人之爲計雖至深密，而時有不得自由者，所謂「打鐵作門限，鬼見拍手笑」〔二〕，便是昧者不知也。小大，舟壑、山澤也。壑之大可以藏舟，澤之大可以藏山，以大藏小，是有宜也。遯，失也；藏天下於天下，付之自然也。凡在天之下者，皆付之於天，則無所遯矣。萬物之真實處常如此，故曰常物之大情也。人皆以有形自喜，而不知人之一身，千變萬化，安知其所止。苟能知之，則「萬物皆備於我」，天地與我爲一，其樂可勝計哉？聖人游心於自然，則無得無喪，故曰遊於物之所不得遯而皆存。善夭善老，善始善終，造物也，善者，能也，言造物能此，人猶效法之，況道乎？萬物之所繫者，道也，一化之所待者，道也，此所謂大宗師也。說得一節高一節，此是莊子之筆勢，若聖賢之言，則平易而已。

校注

〔一〕「打鐵作門限」二句，唐王梵志詩：「世無百年人，強作千年調。打鐵作門限，鬼見拍手笑。」寒山亦有類似詩句。

夫道，有情有信，無爲無形；可傳而不可受，可得而不可見；自本自根，未有天地，自古以固存；神鬼神帝，生天生地；在太極之先而不爲高，在六極之下而不爲深，先天地生而不爲久，長於上古而不爲老。

前段不説道字，到此方提起一道字，説大宗師也。情，實也；信，亦實也。無爲，無下手處也。無形，無方體也。可傳不可受，可得不可見，此兩句非知道者不知之，關尹子有一章發得傳授字甚好。自本自根，推原其始也，推原此道之始，則自古未有天地之時，此道已存矣，是曰「無極而太極」也。鬼，造化之迹也；帝，猶易曰「帝出乎震」之帝也。鬼之與帝，所以能神者，此道爲之。天地亦因道而後有，故曰生天生地，「易有太極，是生兩儀」是也。不爲高，不爲深，不爲久，不爲老，四句發得越痛快。六極，六合也。

狶韋氏得之，以挈天地；伏戲得之，以襲氣母；維斗得之，終古不忒；日月得之，終古不息；堪坏〔一〕得之，以襲崑崙；馮夷得之，以游大川；肩吾得之，以處大山；黄帝得之，以登雲天；顓頊得之，以處玄宫；禺強得之，立乎北極；西王母得之，坐乎少廣，莫知其始，莫知其終；彭祖得之，上及有虞，下及五伯；傅説得之，以相武丁，奄有天下，乘東維，騎箕尾，而比於列星。

自狶韋氏而下，有十三箇得字，皆言得此道而後能如此也。狶韋氏，古帝王也。挈天地，猶言整齊乾坤〔二〕也。氣母，元氣也。襲，合陰陽之氣而在我也，此又是修煉家之所祖。堪坏，山神。襲崑崙，有崑崙也。馮夷，水神。肩吾，太山之神。黄帝登雲天，鼎湖之事也。玄宫，猶今太清真境〔三〕。禺強，北方之神也。少廣，神仙之居也，入莫知始終八字，意同而句有長短，此文法也。十三句之中，却以日月斗入其間，又以彭祖、傅説證諸其後，此是其筆端踰越規矩處，不可以聖賢之書律之，當另〔四〕作一眼看。

校注

〔一〕「坏」，宋本、道藏本作「坯」。下同。

〔二〕「整齊乾坤」，杜甫洗兵馬：「二三豪俊爲時出，整頓乾坤濟時了。」

〔三〕「太清真境」，道教名詞。爲三清之一，是爲大赤天，道德天尊（亦稱太上老君）所治，稱太清仙境。

〔四〕「另」，宋本、道藏本作「令」。

南伯子葵問乎女偊曰：「子之年長矣，而色若孺子，何也？」曰：「吾聞道矣。」南伯子葵曰：「可得學耶？」曰：「惡，惡可？子非其人也。夫卜梁倚〔一〕有聖人之才而無聖人之道，我有聖人之道而無聖人之才，吾欲以教之，庶幾其果爲聖人乎？不然，以聖人之道告聖人之才，亦易矣。吾猶守而告之，參日而後能外天下；已外天下矣，吾又守之，七日而後能外物；已外物矣，吾又守之，九日而後能外生；已外生矣，而後能朝徹；朝徹而後能見獨；見獨而後能無古今；無古今而後能入於不死不生。殺生者不死，生生者不生。其爲物，無不將也，無不迎也；無不毀也，無不成也。其名爲攖寧。攖寧也者，攖而後成者也。」南伯子葵曰：「子獨惡乎聞之？」曰：「聞諸副墨之子，副墨之子聞諸洛誦之孫，洛誦之孫聞之瞻明，瞻明聞之聶許，聶許聞之需役，需役聞之於謳，於謳聞之玄冥，玄冥聞之參寥，參寥聞之疑始。」

子葵、女偊〔二〕，皆是寓言。年長而有孺子之色，此今修煉家之説。聖人之才，聖人之道，如此分別，兩句極佳，非莊子不能道，前此未有也。道與才俱全，五帝三王之外，伊尹、周公、孔子而已。三日、七日、九日，不必強分解，不過謂一節高一節耳。外生者，遺其身也。朝徹者，胸中朗然，如在天平旦澄徹之氣也。見獨者，自見而人不見也。無古今，則無死生。又把殺生字說不死，生生字說不生，此其筆端鼓舞之常法，言雖殺之而不爲死，生之而不爲生也。將，送也。無迎送，無成毀，卽是自然而然也。攖者，拂也，雖攖擾汨亂之中，而其定者常在。寧，定也，攖擾而後見其寧定，故曰攖寧。攖寧也者，擾而後成此名也。九箇聞字真是奇絕。副墨，文字也，因有言而後書之簡册，故曰副墨，形之言，正也，書之墨，副也。洛誦者，苞絡而誦之也，依文而讀，背文而誦，猶子生孫，故下子孫兩字。瞻者，見也，見徹而曰瞻明。聶與囁同，以言自許，故曰聶許。役者，行使也，需，待也，可以待時而行使也，故曰需役。於謳者，言之不足而咏歌之也，於，嗟嘆也，言其自得之樂也。凡此數句，謂道是讀書而後有得，做出許多名字，也是奇特。到了却歸之造物，玄冥，有氣之始，參寥，無名之始，疑始，又是無始之始，卽所謂有始也者，有未始有始也者，有未始有夫未始有始也者。此意蓋言道雖得之於文字，實吾性天之所自有者也。

校注

〔一〕「卜梁倚」，原作「卞梁倚」，據宋本、道藏本改。

〔二〕「女偊」，原作「子綦」，道藏本同，據宋本改。

子祀、子輿、子犂、子來四人相與語曰：「孰能以無爲首，以生爲脊，以死爲尻，孰知死生存亡之一體者，吾與之友矣。」四人相視而笑，莫逆於心，遂相與爲友。俄而子輿有病，子祀往問之。曰：「偉哉夫造物者，將以予爲此拘拘也。曲僂發背，上有五管，頤隱於齊，肩高於頂，句贅指天。」陰陽之氣有沴，其心閒而無事，跰躃而鑑于井，曰：「嗟乎，夫造物者又將以予爲此拘拘也。」子祀曰：「女惡之乎？」曰：「亡，予何惡？浸假而化予之左臂以爲雞，予因以求時夜；浸假而化予之右臂以爲彈，予因以求鴞炙；浸假而化予之尻以爲輪，以神爲馬，予因而乘之，豈更駕哉？且夫得者，時也；失者，順也。安時而處順，哀樂不能入也。此古之所謂縣解也，而不能自解者，物有結之。且夫物不勝天久矣，吾又何惡焉？」

首、脊、尻，只是首尾始終之意。無者自無，而後有也，既有有而後有生死也。莫逆於心，心皆自悟而相契相順也。偉哉造物者，言造化之大也。拘拘者，病之狀也。曲僂，曲身貌；發背，瘡也；五管，瘡之發處也。頤下而隱於臍，肩聳而高於頂，皆形容其病軀之狀。句贅，髻也；指天，露頂也。在身陰陽之氣不和而後成病，故曰有沴。其心閒而無事，不以病爲憂也。跰躃，扶曳而行之貌。自照于井而見其形，歎曰：使我爲此拘拘者，造物也。汝惡之乎，此子祀戲問之也。假，使也；浸，漸也。此一段最奇，只浸假二字便自奇特，言假使造物漸漸以予之身化而爲他物，吾亦將因而用之，此卽順造化而無好惡之意。是雖寓言，亦自有理。得者時，失者順，卽前所謂「適來，夫子時也，適去，夫子順也」，亦是説死生之理。縣解者，言其心無所繫着也。苟爲物所着，則不能自釋，故曰不能自解，物有結之。萬物豈能勝天？此皆安於自然之意。自然之天，卽大宗師也。縳軒嘗云：莊子三十三篇，只是自然兩字。

俄而子來有病，喘喘然將死，其妻子環而泣之。犁往問之，曰：「叱，避。无怛化。」倚其户與之語曰：「偉哉造化。又將奚以汝爲？將奚以汝適？以汝爲鼠肝乎？以汝爲蟲臂乎？」子來曰：「父母於子，東西南北，唯命之從。陰陽於人，不翅於父母，彼近吾死而我不聽，我則捍矣，彼何罪焉？夫大塊載我以形，勞我以生，佚我以老，息我以死。故善吾生者，乃所以善吾死也。今大冶鑄金，金踊躍曰『我且必爲鏌鋣』，大冶必以爲不祥之金。今一犯人之形，而曰『人耳人耳』，夫造化者必以爲不祥之人。今一以天地爲大鑪，以造化爲大冶，惡乎往而不可哉？成然寐，蘧然覺。」

曾子之易簀，其言如許，〔二〕聖賢之學也，莊子爲此論，又自豪傑。叱者，呵止之聲；避者，使其妻子遠去也。怛，驚也，謂其無以哭泣而驚怛將化之人。鼠肝、蟲臂，言至小之物也，便是趙州「火燒過後，成一株茅葦」〔二〕之論，但其文奇。唯命之從，我不聽，則爲捍逆，亦前段物不能勝天之意。鑄金之喻，亦自奇絶，賈誼曰：「陰陽爲炭，萬物爲銅。」皆自此中抽繹出。金若能言，人則必以爲怪，造物之視人，亦猶大冶之視金。此等譬喻非莊子孰能之？成，安也，成然，寐之狀也；蘧然，覺之狀也。以生爲寐，以死爲覺。却下六字如此結上一段，真文之奇處。

校注

〔一〕曾子易簀之言，禮記檀弓上記曾子言曰：「君子之愛人也以德，細人之愛人也以姑息。吾何求哉？吾得正而斃焉，斯已矣。」

〔二〕趙州之言，見一〇四頁注〔三〕。

子桑户、孟子反、子琴張三人相與友，曰：「孰能相與於無相與，相爲於無相爲？孰能登天遊霧，撓挑無極，相忘以生，無所終窮？」三人相視而笑，莫逆於心，遂相與友。莫然有間而子桑户死，未葬。孔子聞之，使子貢往待事焉。或編曲，或鼓琴，相和而歌曰：「嗟來桑户乎，嗟來桑户乎。而已反其真，而我猶爲人猗。」子貢趨而進曰：「敢問臨尸而歌，禮乎？」二人相視而笑曰：「是惡知禮意？」

相與於無相與，相與以無心也；相爲於無相爲，無爲而爲也。撓挑，踴躍之意；無極，無止也。登天遊霧，遊於物之外也。相忘以生，無所終窮，卽所謂不忘其所始，不求其所終也。彼言不忘，此言相忘，則此八字只是不求其所終五字也。莫然，冲漠無有之貌；有間，有頃也。往待事，猶助原壤沐椁〔一〕也。編曲，織箔也。或編曲，或鼓琴，指孟子反、子琴張而言也。猗，助語也；嗟來，歌者發聲之詞也。反其真，猶言復其初也。我猶爲人猗，便是「忽聽上方鐘鼓動，又添一日在浮生」。此等皆其文之奇處。禮意，猶言禮之本也。莊子雖爲寓言，而禮記所載原壤貍首之歌，則知天地之間，自古以來，有此一等離世絶俗之學。今人但云：佛至明帝時始入中國〔二〕，不知此等人不待學佛而後〔三〕有也。

校注

〔一〕「原壤沐椁」，禮記檀弓下：「孔子之故人曰原壤，其母死，夫子助之沐椁。原壤登木曰：『久矣，予之不託於音也。』歌曰：『貍首之斑然，執女手之卷然。』夫子爲弗聞也者而過之。」下「原壤貍首之歌」亦説此事。

〔二〕「佛至明帝時始入中國」，東漢末牟子理惑論第二十章曰：「昔孝明皇帝夢見神人，身有日光，飛在殿前，欣然悦之。明日，博問羣臣：『此爲何神？』有通人傅毅曰：『臣聞天竺有得道者，號之曰佛，飛行虛空，身有日光，殆將其神也。』於是上悟，遣使者張騫、羽林郎中秦景、博士弟子王遵等十二人，于大月支寫佛經四十二章，藏在蘭臺石室第十四間。時於洛陽城西雍門外起佛寺。」他書亦有類似記載，然於求法年代、使者姓名及傳譯佛典之事説法不一。

〔三〕「後」，道藏本同，宋本作「自」。

子貢反，以告孔子，曰：「彼何人者邪？修行無有，而外其形骸，臨尸而歌，顏色不變，無以命之。彼何人者邪？」孔子曰：「彼，遊方之外者也；而丘，遊方之内者也。外内不相及，而丘使女往弔之，丘則陋矣。彼方且與造物者爲人，而遊乎天地之一氣。彼以生爲附贅縣疣，以死爲決𤴯潰癰，夫若然者，又惡知死生先後之所在？假於異物，託於同體；忘其肝膽，遺其耳目；反覆終始，不知端倪；芒然彷徨乎塵垢之外，逍遥乎無爲之業。彼又惡能憒憒然爲世俗之禮，以觀衆人之耳目哉？」

修行無有，言無德行也。無以命之，猶言唤作何人始得。方外、方内，猶今釋氏所謂世間法、出世間法〔二〕也。意趣既不同，而使汝弔之，我則失矣，故曰外内不相及，而丘使汝往吊之，丘則陋矣。與造物者爲人，只是與造物爲友。遊乎天地之一氣，言遊於造物之初。附贅縣疣，喻此身爲天地間長物，必決之潰之而後快，卽勞我以生，息我以死之意。假於異物，便是圓覺地水火風之論，四大合而爲身，〔二〕故曰託於同體。雖肝膽耳目，亦不自知，卽忘身之意也。反覆終始，不知端倪，謂原始要終，而不見其初也。彷徨，浮遊之意；芒然，無所見知之貌。塵垢之外，卽方之外也。無爲之業，卽自然也。憒憒然，自昏之貌。爲世俗之耳目而行禮，徒自昏勞，此老子禮以強世之意〔三〕。觀者，示也，音貫。

校注

〔一〕「世間法、出世間法」，世有遷流、破壞、覆真之義，間爲中之義，合指世俗世界。出世間指超出三界、六道生死輪迴世界。苦集二諦爲世間法，滅道二諦爲出世間法。

〔二〕「圓覺」句，圓覺經：「我今此身，四大和合，所謂髮毛爪齒，皮肉筋骨，髓腦垢色，皆歸於地，唾涕膿血，津液涎沫，痰淚精氣，大小便利，皆歸於水。暖氣歸火，動轉歸風。四大各離，今者妄身，當在何處？卽知此身，畢竟無體，和合爲相，實同幻化。」

〔三〕「老子禮以強世之意」，老子三十八章：「上禮爲之而莫之應，則攘臂而扔之。」

子貢曰：「然則夫子何方之依？」曰：「丘，天之戮民也。雖然，吾與汝共之。」子貢曰：「敢問其方。」孔子曰：「魚相造乎水，人相造乎道。相造乎水者，穿池而養給；相造乎道者，無事而生定。故曰，魚相忘乎江湖，人相忘乎道術。」子貢曰：「敢問畸人。」曰：「畸人者，畸於人而侔於天。故曰，天之小人，人之君子；人之君子，天之小人也。」

何方之依者，夫子所依行者，方外耶，方内耶？天之戮民，即前所謂天刑之而安可解也，謂我不得爲方外之人也。吾與汝共之者，欲與之言方外之樂也。敢問其方，猶問其故也。魚相造乎水，即相濡以沫，不若相忘於江湖之意。穿池而養，亦自以爲給足，言得水不拘多少也。得道則隨其分量以爲生，無事而生〔一〕定，無事，無爲也。畸人，畸者，獨也，言獨異之人也。侔，合也，畸則不偶於人而合於天，天以爲君子，則人以爲小人，人以爲君子，則天以爲小人矣。莊子之所謂君子者，有譏侮聖賢之意在於其間，蓋以禮樂法度皆非出於自然，必剖斗折衡，使民不爭，而後爲天之君子也。此亦憤世疾邪而有此過高之論。

校注

〔一〕「生」，原作「自」，道藏本同，據宋本改。

顏回問仲尼曰：「孟孫才，其母死，哭泣无涕，中心不慼，居喪不哀。无是三者，以善喪蓋魯國。固有无其實而得其名者乎？回壹怪之。」仲尼曰：「夫孟孫氏盡之矣，進於知矣。唯簡之而不得，夫已有所簡矣。孟孫氏不知所以生，不知所以死；不知就先，不知就後；若化爲物，以待其所不知之化已乎。且方將化，惡知不化哉？方將不化，惡知已化哉？吾特與汝，其夢未始覺者邪？

蓋魯國者，以善喪之名，高於一國也。壹，猶常也，言某常怪之也，言怪訝之久矣。進於知者，言其進進而知道也。簡之而不得，謂居喪之禮，如哭泣之事，猶欲簡去而不得也。雖欲簡不得，而其所爲已爲甚簡，故曰夫已有所簡矣。不知所以生，不知所以死，卽反覆終始，不知端倪之意。就先，卽始也；就後，卽終也。順造化而爲萬物，故曰若化爲物。以待其所不知之化，言聽其自然也。已乎，助語也。既聽其自然，則安知將化、已化與不化哉？此類皆其鼓舞發越之語。彼既知道，能聽其自然，而我乃怪之，是我之夢未覺也。

且彼有駭形而無損心，有旦宅而無情死。孟孫氏特覺，人哭亦哭，是自其所以乃。

駭形者，形有老少之變也。老少之變，雖可駭異，而其心閒而無事，故曰無損心。宅，居也；旦，生也；死生，旦夜也。知生之所居者暫，則雖死而非實死也，故曰無情死，情，實也。特覺，人哭亦哭，言隨衆也，此是其欲簡而不得之處。是自其所以乃，此六字最奇，言其自得之妙，所以欲簡不得簡，而乃隨衆以哭也。此句最難解，故數本以上句「乃」字，與下句「且」字，合爲「宜也」兩字，良可笑也。

且也相與吾之耳矣，庸詎知吾所謂吾之乎？

且也，只是且字添一也字，前篇中屢有之矣。吾者，我也，且今之相與，既以我而怪之，又安知我之所謂我，果如何耶？故曰且也相與吾之耳矣，庸詎知吾所謂吾之乎？莊子大抵如此鼓舞其文，若非別具一隻眼者，亦難讀也。

且汝夢爲鳥而厲乎天，夢爲魚而没於淵。不識今之言者，其覺者乎，其夢者乎？造適不及笑，獻笑不及排，安排而去化，乃入於寥天一。」

夢鳥、夢魚，只是前篇化蝶之意。今之言者，其覺乎，其夢乎，卽所謂蝶夢爲周乎，周夢爲蝶乎。意有所適，有時而不及笑者，言適之甚也。亦猶杜詩所謂「驚定乃拭淚」，欒軒先生亦曰：「及我能哭，驚已定矣。」此言驚也。造適，言喜也，驚喜雖異，而不及之意同。排，安排也，因物而笑，是物獻笑於我，此笑出於自然，何待安排？故曰獻笑不及排。此排字與下句排字雖同，而文勢異，不可聯上字説。造物之間，事事皆排定，死生窮達，得喪禍福，皆已定矣，我但安其所排，隨造化而去，乃可以入於造化之妙矣。寥天一，只是造化字，寥，遠也。寥天之一，卽前所謂其好也一，其不好也一之一也，又做成名字如此，皆莊子弄筆處。

意而子見許由。許由曰：「堯何以資汝？」意而子曰：「堯謂我：『汝必躬服仁義而明言是非。』」許由曰：「而奚來爲軹？夫堯既已黥汝以仁義，而劓汝以是非矣，汝將何以遊夫遥蕩恣睢轉徙之塗乎?」意而子曰：「雖然，吾願遊其藩。」許由曰：「不然。夫盲者無以與乎眉目顔色之好，瞽者無以與乎青黄黼黻之觀。」意而子曰：「夫无莊之失其美，據梁之失其力，黄帝之亡其知，皆在鑪錘之間耳。庸詎知夫造物者之不息我黥而補我劓，使我乘成以隨先生邪?」許由曰：「噫，未可知也。我爲汝言其大畧。吾師乎，吾師乎。𩐁萬物而不爲義，澤及萬世而不爲仁，長於上古而不爲老，覆載天地、刻彫衆形而不爲巧。此所遊已。」

資汝者，教汝也。明言是非，辨别是非也。爲，助語也；軹，亦助語也。奚來爲，何必來也。黥、劓，點污汝也，猶言汝被他教壞了。遥蕩恣睢轉徙，猶前所謂撓挑無極，彷徨塵垢之外之意。遥蕩，放蕩也；恣睢，縱横也；轉徙，變動也。藩者，藩籬也，言我不敢求其堂奥，且願至於藩籬，即是願聞其畧。如此翻下盲者瞽者之喻，謂汝無資質，不足以聞道也。无莊，古之美者也；據梁，古之勇者也。言汝能有道而化我，使美者不知其美，勇者不知其勇，知者不知其知，去故習而自悟，在汝轉移之間，故曰皆在鑪錘。乘，行也；成，自然之理也。去我前日之習，而行乎自然，以事先生，故曰息我黥，補我劓，使我乘成以隨先生也。噫，嘆也；未可知者，言未見得汝便能如此也。吾師乎以下數句，方是説出箇篇名大宗師字。𩐁粉萬物而不可名以義，澤及萬世而不可名以仁，蓋言無爲而爲，自然而然，我無容心，故不得以此名之。易曰「鼓萬物而不與聖人同憂」，亦是此意。長於上古，言在天地之先也，千古萬古常如此，安得以老少名之？上而天之所覆日月星辰，下而地之所載山川丘陵，多少是巧。且如天左旋，經星〔一〕貼天而不動，日月五星乃右轉，或遲或速，或流或伏，川岩水石，多少奇怪，皆造物爲之，衆形之間，如百卉羣木，多少奇異，非巧而何？但喚做巧不得。凡此數句，皆是形容自然之道。遊心於自然，則見天地與我並生，萬物與我爲一，故曰此所遊已，言吾之所遊者如此也。

校注

〔一〕「經星」，即恒星。穀梁傳莊公七年：「恒星者，經星也。」范寧注：「經，常也。謂常列宿。」

顔回曰：「回益矣。」仲尼曰：「何謂也？」曰：「回忘仁義矣。」曰：「可矣，猶未也。」他日復見，曰：「回益矣。」曰：「何謂也？」曰：「回忘禮樂矣。」曰：「可矣，猶未也。」它日復見，曰：「回益矣。」曰：「何謂也？」曰：「回坐忘矣。」仲尼蹵然曰：「何謂坐忘？」顔回曰：「墮枝體，黜聰明，離形去知，同於大通，此謂坐忘。」仲尼曰：「同則無好也，化則無常也。而果其賢乎，丘也請從而後也。」

此一段借顔子之名以形容造道之妙，畢竟莊子在當時亦知顔子之爲亞聖也。坐忘之説，乃莊子之說，以此求顏子，則誤矣。益者，言有所得也。先仁義而後禮樂，是以禮樂爲高於仁義一節，蓋莊子仁義二字只爲愛惡。凡此字義，皆與聖賢不同。先忘仁義，而又至於忘禮樂，亦猶所謂外天下而後萬物也。至於坐忘，則盡忘之矣，此「有無俱遣」之時，所謂今者吾喪我，亦是此意。四肢耳目皆不自知，故曰墮枝體，黜聰明。離形，墮枝體也；去知，黜聰明也。大通，卽大道也。所謂聖者無所不通，「睿作聖」〔一〕，睿卽通也。觀此坐忘二字，便是禪家面壁〔二〕一段公案。同者，與道爲一也，與道爲一，則無好惡矣，無好惡則化矣，化則「無所住而生其心」矣，故曰同則無好，化則無常。請從而後者，言汝更勝於我，我反不及，而在汝後矣。賢者，勝也，此賢於人之賢也。

校注

〔一〕「睿作聖」，書洪範：「睿作聖。」僞孔傳：「於事無不通謂之聖。」

〔二〕「禪家面壁」，景德傳燈錄卷三載：禪宗初祖達摩寓止于嵩山少林寺，面壁而坐，終日默然，人莫之測，謂之壁觀婆羅門。據其入道四行觀，可知「凝住壁觀」之內容，卽所謂「理入」也。

子輿與子桑友，而淋雨十日。子輿曰：「子桑殆病矣。」裹飯而往食之。至子桑之門，則若歌若哭，鼓琴曰：「父邪，母邪？天乎，人乎？」有不任其聲而趨舉其詩焉。子輿入，曰：「子之歌詩，何故若是？」曰：「吾思夫使我至此極者而弗得也。父母豈欲吾貧哉？天無私覆，地無私載，天地豈私貧我哉？求其爲之者而不得也。然而至此極者，命也夫。」

此段只言窮達有命，撰出這般説話，也是奇絶。恐其以飢而病，故曰殆病矣。古人彈琴必有歌，如舜鼓琴而歌南風〔一〕是也。若歌若哭者，力弱而其聲微也。不任其聲者，言無力，聲不出也。趨舉其詩，所謂情隘而其詞蹙是也，歌得不成頭緒，故曰趨舉。父母豈欲貧我，天地豈欲貧我，此數語最精絶。求其爲之不得，言既非天非地，非父非母，則孰爲之？然則使我至此極甚者，命也。此意蓋謂自然之理在於天地之上，命者，自然之理也，是所謂大宗師也。看莊子此篇，便見列子力命篇不及多矣。

校注

〔一〕「舜鼓琴」句，禮記樂記：「昔者舜作五弦之琴以歌南風。」

内篇應帝王第七

言帝王之道合應如此也。

齧缺問於王倪，四問而四不知。齧缺因躍而大喜，行以告蒲衣子。蒲衣子曰：「而乃今知之乎？有虞氏不及泰氏。有虞氏其猶藏仁以要人，亦得人矣，而未始出於非人。泰氏，其卧徐徐，其覺于于；一以己爲馬，一以己爲牛；其知情信，其德甚真，而非始入於非人。」

四問而四以不知答之，卽維摩經以不言爲不二法門〔一〕之意。蒲衣，或曰卽被衣也。〔二〕莊子所言人物名字多是虚言，卽烏有、亡是公〔三〕之類，不必致辯。齧缺悟其不言之意，故喜以告蒲衣。蒲衣曰而乃今知之者，言汝于今方悟也，而，汝也。泰氏，古帝王也，卽大庭氏〔四〕之類。藏，懷也；要，結也。以仁而結人之心，亦可以得人，不出於如天而已，謂其但能與天爲徒也。非人卽天也，故曰未始出於非人。未始出，猶曰不過如此也。不曰天，而曰非人，皆是其弄奇筆處。其卧徐徐，安也；其覺于于，自得也。或以己爲馬，或以己爲牛，皆置之不問，言聽人誰何也。其所知皆實理，情信，皆實也。其德在己，皆天真也。到此處，天字又不足以名之，是其任自然而然，又出於造化之上，故曰未始入於非人。前曰出，後曰入，看他下字處。帝王之道，任自然而已，其名篇以應帝王，意正在此。

校注

〔一〕「維摩經」句，維摩詰所説經入不二法門品第九：「於是文殊師利問維摩詰，我等各自説已，仁者當説，何等是菩薩入不二法門。時維摩詰默然無言。文殊師利歎曰：善哉善哉，乃至無有文字語言，是真入不二法門。」

〔二〕「蒲衣，或曰卽被衣」，成玄英南華真經注疏：「蒲衣子，堯時賢人，年八歲，舜師之，讓位不受，卽被衣子也。」

〔三〕「烏有、亡是公」，見司馬相如子虛賦。

〔四〕「大庭氏」，左傳昭公十八年：「宋、衛、陳、鄭皆火，梓慎登大庭氏之庫以望之。」杜注：「大庭氏，古國名，在魯城内。」

肩吾見狂接輿。狂接輿曰：「日中始何以語汝？」肩吾曰：「告我君人者以己出經式義度人，孰敢不聽而化諸？」狂接輿曰：「是欺德也，其於治天下也，猶涉海鑿河而使蚉負山也。夫聖人之治也，治外乎？正而後行，確乎能其事者而已矣。且鳥高飛以避矰弋之害，鼷鼠深穴乎神丘之下以避熏鑿之患，而曾二蟲之無知。」

肩吾先見日中始，後見狂接輿，故接輿以此問之。經，常也；式，法也；義，處事之宜也。以經式義皆出於己，言以身爲天下法也。度人者，化人也，以身法而化天下，故曰以己出經式義度人。經式義句法便與和豫通同。度音渡。孰敢不聽而化，言民皆聽順而化之也。欺德者，言自欺也，非實德也。欲以此治天下，難於涉海鑿河而使蚉蟲負山也。鑿河卽是疏九河〔一〕之類。治外者，言化之以心則無迹，化之以身則有迹也。正而後行者，順性命之理而行也。能其事者，盡此自然之事也，確乎，斷乎也，言其爲治斷斷乎如此。莊子之意主於無爲，故其説如此，所以異於吾儒。鳥高飛而避繒繳，鼠深穴而避熏鑿，言有迹者必自累，今不能行無爲之化，而至於有迹，是其無知之愚，猶不若二蟲也。二蟲，鳥、鼠也。神丘，猶曰神皋也。

校注

〔一〕「疏九河」，書禹貢：「九河既道」。

天根遊於殷陽，至蓼水之上，適遭無名人而問焉，曰：「請問爲天下。」無名人曰：「去，汝鄙人也，何問之不豫也？予方將與造物者爲人，厭，則又乘夫莽眇之鳥，以出六極之外，而遊無何有之鄉，以處壙埌之野。汝又何帠〔一〕以治天下感予之心爲？」又復問。無名人曰：「汝遊心於淡，合氣於漠，順物自然而無容私焉，而天下治矣。」

以爲天下爲問，便非無爲而爲之道，故以爲鄙人之問，而使我不豫。不豫者，不樂也。與造物爲人者，言處於人世而順造物之自然也。厭，足也，飽也。言遊於人世，既已飽足，則將遊於造物之外。莽眇之鳥，虛無之氣也。無何有之鄉，壙埌之野，皆言太虛無極之地也。何帠，猶何故也，注訓法字〔二〕，法亦故也。以治天下之問而感觸予之心，所以不豫，此感字，猶言激觸我也。帠字，崔氏作爲，亦是何故之意。淡者，恬淡也；漠，冲漠無形之地也。氣猶性也，以此心此性皆合於自然，故曰遊心於淡，合氣於漠。前言無聽之以心而聽之以氣，看此氣字便合作性字說。順造物之自然而無容心，則天下自治矣，何必爲天下乎？有心則私矣。此天根再問，而無名人又以其真實語告之。其名曰無名人，便見前後所稱人名，皆是子虛、烏有之類，所以後篇有寓言、重言之說。如稱黄帝、孔子、顏子、狂接輿，則是借重於其名以實己之説，寓言則是無名人、天根、蒲衣子之類。

校注

〔一〕「帠」下原有「音藝」二小字，據宋本、道藏本删。

〔二〕「注訓法字」，司馬彪訓帠爲法。

陽子居見老聃曰：「有人於此，嚮疾彊梁，物徹疏明，學道不勸。如是者，可比明王乎？」老聃曰：「是於聖人也，胥易技係，勞形怵心者也。且也虎豹之文來田，猨狙之便、執斄之狗來藉。如是者，可比明王乎？」陽子居蹙然曰：「敢問明王之治。」老聃曰：「明王之治：功蓋天下而似不自己，化貸萬物而民弗恃；有莫舉名，使物自喜；立乎不測，而遊於无有者也。」

有人於此，言有箇人如此也，此數句是不指名而譏侮孔子。嚮疾，趨走捷疾也；強梁，剛健也。言敏於學而能力行也。物，事也；徹，通也。言事事通徹而所見虚明也。疏，虚也。以此而學道不勸，可以比明王否，言用〔二〕之爲王者事，如此可否。胥，刑徒也；易，更也，猶言卒更也。胥易之名，必古有此語，如漢所謂鬼薪是也。技係者，以工巧而係累技術之人也。此二等人，胥易則勞其形，技係則怵其心，言如此爲學，身心俱勞，是猶胥易技係而已。怵心，言其心恐恐然也。虎豹以皮有文，故招來田獵之人。藉，繩也，所以束縛者也。斄合作狸，狗能執狸，與猨狙之便捷可觀，皆以招來束縛之禍，言有能必自累也。執狸字又見天地篇。若以有爲之學可以爲王者事，則是虎豹之類亦可比於明王矣，此貶之之甚之辭也。此三句文自奇。功蓋天下而似不自己，卽功成而不有之意；化貸萬物而民弗恃，此朝野不知而帝力何加之意。貸，施也，言施化於民也。凡字訓釋亦就平仄處呼，施字便與施字同義，「天施地生」、「雲行雨施」〔二〕，「天施」、「雨施」此二字平仄雖殊，其義則一。有莫舉名者，言其所有，人莫得而舉名之，民無得稱之意。使物自喜，言我雖無功可名，而物自得其樂，猶韓文所謂人自得於江湖之外也〔三〕。不測者，不可測識也，只是无有字，立乎不測只是游於无有。筆端鼓舞，大率如此。以上數段，皆是説其名篇應帝王之意。

校注

〔一〕「用」，原作「學」，道藏本同，據宋本改。

〔二〕「天施地生」、「雲行雨施」，易益之彖辭：「天施地生，其益無方。」易乾之彖辭：「大哉乾元，萬物資始，乃統天，雲行雨施，品物流行。」

〔三〕韓文句，見韓愈新修滕王閣記，原文作「人自得於湖山千里之外」。

鄭有神巫曰季咸，知人之死生存亡，禍福壽夭，期以歲月旬日，若神。鄭人見之，皆棄而走。列子見之而心醉，歸以告壺子曰：「始吾以夫子之道爲至矣，則又有至焉者矣。」壺子曰：「吾與汝既其文，未既其實，而固得道與？衆雌而無雄，而又奚卵焉？而以道與世亢，必信夫，故使人得而相汝。

歲月旬日，或遠或近。神巫，相者也，其言皆驗若神。棄之而走者，畏其言之驗也。心醉者，心服也。旣其文，盡其外也；未旣其實，未盡其内也。而，汝也，汝未嘗盡見其實，固以爲能得道乎？固字有未得謂得之意，當以語勢思之。有雌雄而後有所生，卵，生也。無雄又奚卵，言無心則無迹也。此一句是喻其心未能化，故可以形見之意。亢，高也，自以其道爲高於世，而欲人必信之，此便是有迹處，便是未化處，故神巫得以相汝。

嘗試與來，以予示之。」明日，列子與之見壺子。出而謂列子曰：「嘻，子之先生死矣，弗活矣。不以旬數矣。吾見怪焉，見濕灰焉。」列子入，泣涕沾襟以告壺子。壺子曰：「鄉吾示之以地文，萌乎不震不正。是殆見吾杜德機也。

濕灰者，言其生氣將盡，如灰已濕而欲滅也。地文者，此猶禪家修觀〔一〕之名。萌乎，若生而不生之意；不震者，不動也；不正者，不可指定言也，此不正字便與孟子「必有事焉而勿正」同。惟有若萌動而又不動，故神巫以爲濕灰。灰，活火也，濕灰則是活火欲滅之意。杜德機，亦是修觀之名。德機，生意也；杜，閉也。閉其機而不動，故有生意欲滅之狀，季咸遂以爲弗活矣。

校　注

〔一〕「修觀」，佛家謂於禪定之中觀念真理，卽爲禪觀。按對治之煩惱、希望獲得之功德及成就智慧之不同，所修觀法各有不同，觀名各異。

嘗又與來。」明日，又與之見壺子。出而謂列子曰：「幸矣子之先生遇我也。有瘳矣，全然有生矣。吾見其杜權矣。」列子入，以告壺子。壺子曰：「鄉吾示之以天壤，名實不入，而機發於踵。是殆見吾善者機也。

杜權，不動之動也，權與機同，但機微而權則露矣，於杜閉之中而動機已露，故季咸以爲全然有生意也。天壤，亦是觀名，天田也，天上之田，非壤之壤，卽自然之壤也，猶今修養家以舌間爲天津，以頂上爲泥丸之類，此是生意萌動而上之意。名實不入，卽是「有無俱遣」。機發於踵，言其氣自下而上，微而不可見，故曰機。善者機，猶言性之動處也。

嘗又與來。」明日，又與之見壺子。出而謂列子曰：「子之先生不齊，吾無得而相焉。試齊，且復相之。」列子入，以告壺子。壺子曰：「吾鄉示以太冲莫勝。是殆見吾衡氣機也。

太冲莫勝，亦觀名也。太冲，太虛也；莫勝，不可捉摸也。衡者，平也，半也，氣機之動至於衡平一半之地而止，則是半動半靜也。神巫以爲不齊，言其半動半靜而不定也。

鯢桓之審爲淵，止水之審爲淵，流水之審爲淵。淵有九名，此處三焉。

鯢桓、止水、流水，皆是觀名，今佛家以爲觀，而古人以爲淵，淵有九名，猶今觀音十二觀〔一〕也。審，信也，言鯢桓信乎爲一觀，止水信乎爲一觀，流水信乎爲一觀。壺子到此方説出向者所以示神巫者，皆此淵也，我有九淵而方示其三，言我之妙處猶有未盡者。審字作蟠，非。列子九淵之名皆全，洪野處謂列子勝於莊子，恐未爲的論。若此九淵皆説盡，則不得爲奇文矣，可盡不盡，正是莊子之奇處，精論文者方知之。此章本有四節，就此説淵九名一項，却入第四節，文章伸縮之法也。

校注

〔一〕「觀音十二觀」，五燈會元卷二載寶誌禪師曾「以指剺面門，分披出十二面觀音」。史稱寶誌爲觀音應化者。

嘗又與來。」明日，又與之見壺子。立未定，自失而走。壺子曰：「追之。」列子追之不及，反，以報壺子曰：「已滅矣，已失矣，吾弗及已。」壺子曰：「鄉吾示之以未始出吾宗。吾與之虛而委蛇，不知其誰何，因以爲弟〔二〕靡，因以爲波流，故逃也。」

已滅已失，言不可見也。未始出吾宗，亦是觀名。虚，虚無也；委蛇，順也。若無物，若有物，不知其如何，故曰不知其誰何也。弟音頹。弟靡者，拉扱也。波流者，莽蕩也。言其看我不出，但見拉扱莽蕩，故自失而走也。

校注

〔一〕「弟」，原作「茅」，道藏本同，據宋本改。下「弟靡者」同。

然後列子自以爲未始學而歸，三年不出。爲其妻爨，食豕如食人。於事無與親，彫琢復朴，塊然獨以其形立。紛而封哉，一以是終。

爲其妻爨，代其妻執爨於鼎竈之間〔二〕而不出也。食豕如食人，言集神於内而不見其外也。於事無與親者，言其雖爲事，而不自知，若不親爲之也。彫琢其聰明而歸復於朴，即前所謂墮枝體，黜聰明也。塊然獨以其形立，猶木偶人也。封，有廉隅也；紛，多也。其形已如木偶，安有封畛廉隅之多乎。一以是終者，言其終身常如此也，一常如此之意。

校注

〔一〕「間」，道藏本同，宋本作「内」。

無爲名尸，無爲謀府；無爲事任，無爲知主。體盡無窮，而遊無朕；盡其所受乎天，而無見得，亦虛而已。至人之用心若鏡，不將不迎，應而不藏，故能勝物而不傷。

莊子於此又説盡無爲而爲之事。尸，主也，不以名爲主，是爲善無近名也。府，聚也，前言不謩事，不謀焉用智，卽是此意。有意於謀，則是謀聚於此，可謀則謀，無所用心，故曰無爲謀府。事雖不可不爲，而不以事自任，故曰無爲事任。人雖不能無智，而不以智爲主，故曰無爲知主，心有所主，則私矣。此四箇無字，是教人禁止之意，與論語四勿字〔一〕同。體，察也，見也，見道至於盡而無窮極，而心遊於無物之始，故曰體盡無窮，而遊無朕。朕，兆也，始也，無朕卽無始也。天之授〔二〕我以是理，吾能盡之，又不自以爲有得，故曰盡其所受於天，而無見得。見其有得，則近於迹矣。佛經所謂「依幻説覺」，「亦復如是」，〔三〕便是此意。鋪説至此，以一虛字結之，此一句甚有力，虛卽自然也，無所着也。鏡之於物，妍媸去來，照者自照，何嘗將之，何嘗迎之？將，送也。照形而見形，照物而見物，謂之應，鏡中何嘗留之？故曰應而不藏。至人之心如此，所以於物皆無所忤，故曰勝物而不傷，「天道不爭而善勝」〔四〕，便是此勝字。若鏡數句，分明是解上面一虛字，文勢起伏，豈不奇哉？平淡之中自有神巧，此等文字也。

校　注

〔一〕「論語四勿字」，論語顔淵：「非禮勿視，非禮勿聽，非禮勿言，非禮勿動。」

〔二〕「授」，原作「受」，道藏本同，據宋本改。

〔三〕「依幻說覺」二句，圓覺經：「善男子，一切衆生，種種幻化，皆生如來圓覺妙心，猶如空花，從空而有。幻華雖滅，空性不壞，衆生幻心，還依幻滅，諸幻盡滅，覺心不動，依幻說覺，亦名爲幻，若說有覺，猶未離幻，說無覺者，亦復如是，是故幻滅，名爲不動。」

〔四〕「天道」句，老子七十三章：「天之道，不爭而善勝。」

南海之帝爲儵，北海之帝爲忽，中央之帝爲渾沌。儵與忽時相與遇於渾沌之地，渾沌待之甚善。儵與忽謀報渾沌之德，曰：「人皆有七竅以視聽食息，此獨無有，嘗試鑿之。」日鑿一竅，七日而渾沌死。

此段只言聰明能爲身累，故如此形容，墮枝體，黜聰明，則爲渾沌矣。本是平常說話，粧出日鑿一竅之說，皆奇筆也。儵、忽、渾沌，皆是寓言，不可泥着，泥着則爲癡人前說夢矣。渾沌即元氣也，人身皆有七竅，如赤子之初，耳目鼻舌雖具，而未有知識，是渾沌之全也。知識稍萌，則有喜怒好惡，是竅鑿矣。孟子曰「大人不失赤子之心」，便是渾沌不鑿也。莊子翻説得來，便如此詭怪，但文亦奇矣。

莊子三十三篇，分爲内外，内篇有七，皆以三字名之，自駢拇而下則只掇篇頭兩字或三字爲名，如學而、爲政之例。其書本無精粗，内篇、外篇皆是一樣説話，特地如此，亦是鼓舞萬世之意。但外篇文字，間有長枝大葉處。或以爲内篇文精，外篇文粗，不然也。又有以七篇之名，次第而説，如曰先能逍遥遊，而後可以齊物論；既能齊物，又當自養其身，故以養生主繼之；既盡養生之事，而後遊於世間，故以人間世繼之；遊於世間，使人皆歸向於我，故以德充符繼之；内德既充，而符應於外也，人師於我，而我自以道爲師，故以大宗師繼之；既有此道，則可以爲帝王之師，故以應帝王繼之。雖其説亦通，但如此拘牽，無甚義理，却與易之序卦不同。善讀莊子却不在此，但看得中間文字筆勢出，自無窮快活。

文字最看歸結處，如上七篇，篇篇結得別。逍遥遊之有用無用，齊物論之夢蝶物化，養生主之火傳也，德充符之以堅白鳴，大宗師〔二〕之命也夫，自是箇箇有意。到七篇都盡，却粧撰儵、忽、渾沌一段，乃結之曰「七日而渾沌死」。看他如此機軸，豈不奇特？中庸一篇，起以「天命之謂性」三句，結以「上天之載，無聲無臭，至矣」。此亦是文字機軸，但人不如此看得破耳。向侍先師講春秋，至西狩獲麟，先師曰：「及其至也，聖人有所不知，所以絶筆於此。」是夜散行西軒廊間，忽問曰：「今日獲麟處，看得如何？」希逸應曰：「以中庸『聖人所不知』之語〔二〕斷之，諸家所未有也。但經始於王正月，終於西狩獲麟，當時下面若更有一句，夫子亦必不書矣。」先師曰：「如何？」希逸曰：「如此歸結，一句更如何添得？」先師不答而出，已夜深矣，即扣伯巳丘丈之門曰：「肅翁春秋讀得甚好，某與朋友讀春秋許多年，未有如此見解者。」言之喜甚，至半夜方歸。後兩日，伯巳丘丈與希逸言之。

校注

〔一〕「大宗師」，原作「人間世」，道藏本同，據宋本改。

〔二〕「語」，原作「結」，據宋本、道藏本改。

外篇駢拇第八

駢拇枝指，出乎性哉，而侈於德。附贅縣疣，出乎形哉，而侈於性。多方乎仁義而用之者，列於五藏哉，而非道德之正也。是故駢於足者，連無用之肉也；枝於手者，樹無用之指也；多方駢枝於五藏之情者，淫僻於仁義之行，而多方於聰明之用也。

拇，足大指也；指，手指也；駢，合也；枝，旁生也。與生俱生曰性，人所同得曰德。駢拇枝指皆病也，不出於自然，比人所同得者則爲侈矣。侈，剩也。似此性德字義，皆與聖賢稍異。附贅縣疣，亦病也，駢枝則生而有之，贅疣生於有形之後，故曰出於形而侈於性。多方，多端也；用之，用之於外也。列於五藏哉，言非出於内也。非道之自然，故曰非道德之正。告子言「義外」〔一〕，莊子則併以仁爲外矣。以仁義爲淫僻，而與聰明並言，皆以爲非務内之學，故但見其多事，多方猶多事也。

校注

〔一〕告子言，孟子告子上：「告子曰：『食色，性也。仁，内也，非外也。義，外也，非内也。』」

是故駢於明者，亂五色，淫文章，青黄黼黻之煌煌非乎？而離朱是已。多於聰者，亂五聲，淫六律，金石絲竹、黄鐘大吕之聲非乎？而師曠是已。枝於仁者，擢德塞性以收名聲，使天下簧鼓以奉不及之法非乎？而曾、史是已。駢於辯者，纍瓦結繩竄句，遊心於堅白同異之間，而敝跬譽無用之言非乎？而楊、墨是已。故此皆多駢旁枝之道，非天下之至正也。

五色、文章、青黄黼黻，古者以養目，而莊子以爲亂淫，故曰駢於明，即老子「五色令人目盲」之意。離朱，明者也。若以爲非乎，而用明之人則以爲是矣，故曰非乎，而離朱是已。多於聰，意亦然，蓋以禮樂爲外物也。擢，抽也；塞，猶言茅塞也。德性本静，而强於爲仁，是擢德而塞性也。法，禮法也；不及者，人所難及也。使人行難行之法，故曰使天下簧鼓以奉不及之法，簧鼓，以言語簧惑鼓動之也。以瓦而纍，以繩而結，事之無益者，辯者之多言，連牽不已，纍疊無窮而無意味，故以纍瓦結繩比之。竄定，猶言修改也，修改其言句以爲辯，故曰竄句，遊心於堅白同異之間。敝，勞也；跬音企，蹻跂也。其言皆無用，而稱譽自喜，徒自勞苦，故曰敝跬以譽無用之言。若以爲非平，而楊、墨之徒，則以爲是矣。多駢旁枝，猶言餘剩也，自然之道本無多端，此皆餘剩之事，非至正也。至正者，本然之理也。

彼正正者，不失其性命之情。故合者不爲駢，而枝者不爲跂；長者不爲有餘，短者不爲不足。是故鳧脛雖短，續之則憂；鶴脛雖長，斷之則悲。故性長非所斷，性短非所續，無所去憂也。意，仁義其非人情乎，彼仁人〔一〕何其多憂也。

正正者，猶言自然而然也，自然而然，則不失其性命之實理。雖合而不爲駢，雖枝而不爲跂，雖長而不爲有餘，雖短而不爲不足。此數句極有味，即前所謂天下莫大於秋毫之末，而泰山爲小也。跂，起也，有所跂，則不平貼，不平貼則不自在。看他這般下字，豈苟然哉？性長性短，言長短出於本然之性也，長短性所安，無憂可去也，鳧鶴之喻最佳。意與噫同，歎也。以鳧鶴二端言之，則仁義多端，非人情矣，故嘆而言之。使仁義出於自然，則不如是其多憂矣，多憂者，言爲仁義者，多憂勞也。莊子之爲此言，自孔、孟而上，以至堯、舜、禹、湯，皆在譏侮之數。

校注

〔一〕「人」，原作「義」，道藏本同，據宋本改。

且夫駢於拇者，決之則泣；枝於手者，齕之則啼。二者，或有餘於數，或不足於數，其於憂一也。今世之仁人，蒿目而憂世之患；不仁之人，決性命之情而饕貴富。故意仁義其非人情乎。自三代以下者，天下何其囂囂也。

手足之駢枝，雖皆爲病，而不可強去之，去之則爲憂苦矣。枝，多一指也，故曰有餘於數；駢，合二指而不可分，故曰不足於數。蒿目者，半閉其目也，欲閉而不閉，則其睫蒙茸然，故曰蒿目。蒿者，蓬蒿之蒿也。蒿目有獨坐憂愁之意，此莊子下字處。憂世之患而自勞，仁人也。貪饕貴富而破壞其性情，不仁之人也。二者皆爲自苦，故並言之，又嘆曰仁義非人情乎，言如此看來，仁義信非出於本然也。囂囂，嘈雜也，三代而下，此說盛行，何其嘈雜也。

且夫待鉤繩規矩而正者，是削其性也；待繩約膠漆而固者，是侵其德也。屈折禮樂，呴俞仁義，以慰天下之心者，此失其常然也。

性，自然也；德，自得於天也。皆非人力所爲，若必待修爲而後正，則是自戕賊矣。鉤繩、繩約、膠漆，皆修爲之喻也；侵、削，戕賊也；固，定也。屈折其身以爲禮樂，呴俞其言以爲仁義，欲以此慰天下之心，皆是失其本然之理，故曰失其常然。呴俞，猶嫗撫也。

天下有常然。常然者，曲者不以鉤，直者不以繩，圓者不以規，方者不以矩，附離不以膠漆，約束不以纆索。故天下誘然皆生而不知其所以生，同焉皆得而不知其所以得。

故古今不二，不可虧也。則仁義又奚連連如膠漆纆索而遊乎道德之間爲哉？使天下惑也。

常然以下數語，與合者不爲駢，枝者不爲跂以下意同。曲直方圓，或附，或離，或加約束，皆當出於自然，而不用人力，則爲正理。誘與莠同，莠然而生者，孰生之？物之所同者，孰與之？皆自然也，故曰不知其所生，不知其所得。古今不二者，一也。不可虧者，亘古窮今，不加損也。連連，不已也；膠漆，自固泥也；纆索，自拘束也。離性以爲仁義，爲之不已，則固泥拘束，何以遊於道德之門？徒以惑天下也。莊子與孟子同時，孟子專言仁義，莊子專言道德，故其書專抑仁義而談自然，亦有高妙處，但言語多過當。大抵莊子之所言仁義，其字義本與孟子不同，讀者當知，自分别可也。

夫小惑易方，大惑易性。何以知其然邪？自虞氏招仁義以撓天下也，天下莫不奔命於仁義，是非以仁義易其性與？故嘗試論之，自三代以下者，天下莫不以物易其性矣。小人則以身殉利，士則以身殉名，大夫則以身殉家，聖人則以身殉天下。故此數子者，事業不同，名聲異號，其於傷性以身爲殉，一也。

惑，迷也；方，四方也。小迷則東西南北易位矣，大迷則失天地之性矣，借上句以形下句。招，猶今人言招牌也，立仁義之名，以撓亂天下，使天下之人皆趨於仁義。奔命，爲其所使而奔趨也。

知仁義而不知道德，是以外物易其性也。在小人則殉利，在君子則殉名，卿大夫則殉其家，人主則殉天下。殉，從也，忘其身以從之曰殉。若莊子之意，則天下、國家、名利均爲外物也，以天下、國家與名利並言，以小抑大，以下抑高，此書之中，大抵如此。數子者，指上言聖人、大夫、士、小人也，事業名聲雖不同，而其忘身傷性則一，此皆殉物之失也。

臧與穀二人相與牧羊而俱亡其羊。問臧奚事，則挾筴讀書；問穀奚事，則博塞以遊。二人者，事業不同，其於亡羊均也。伯夷死名於首陽之下，盜跖死利於東陵之上，二人者，所死不同，其於殘生傷性均也。奚必伯夷之是而盜跖之非乎？天下盡殉也。彼其所殉仁義也，則俗謂之君子；其所殉貨財也，則俗謂之小人。其殉一也，則有君子焉，有小人焉；若其殘生損性，則盜跖亦伯夷已，又惡取君子小人於其間哉？

博塞、讀書，二事之美惡不同，而亡羊則均，此喻最佳。挾筴即執卷也。投瓊曰博，不投瓊曰塞，瓊猶今骰子也，亦曰齒，亦曰目，塞與賽同。伯夷、盜跖，莊子豈不知其賢否？特借此以立言，此皆是其過當處。君子小人雖異，而殘生損性則一，其意主於譏君子，故借小人以形之，是皆以小抑大，以下抑高之意也。

且夫屬其性乎仁義者，雖通如曾、史，非吾所謂臧也；屬其性於五味，雖通如俞兒，非吾所謂臧也；屬其性乎五聲，雖通如師曠，非吾所謂聰也；屬其性乎五色，雖通如離朱，非吾所謂明也。吾所謂臧，非仁義之謂也，臧於其德而已矣；吾所謂臧者，非所謂仁義之謂也，任其性命之情而已矣；吾所謂聰者，非謂其聞彼也，自聞而已矣；吾所謂明者，非謂其見彼也，自見而已矣。夫不自見而見彼，不自得而得彼者，是得人之得而不自得其得者也，適人之適而不自適其適者也。夫適人之適而不自適其適，雖盜跖與伯夷，是同爲淫僻也。余愧乎道德，是以上不敢爲仁義之操，而下不敢爲淫僻之行也。

屬性，猶言留意也。曾，曾子也，諱參；史，子魚也，名鰍。以俞兒、師曠、離朱而比曾、史，亦是以下抑高之意。臧，善也，言雖如此，非吾所善也。善於其德，任其性命之情，卽順自然也。此數語之中，如所謂聰者，非謂其聞彼也，自聞而已矣，所謂明者，非謂其見彼也，自見而已矣。一大藏經不過此意，安得此語？若此等語，皆其獨到不可及處。這一彼字，不是輕可下得，禪家所謂狂犬逐塊〔一〕，所謂幻花又生幻果〔二〕，便是這箇彼字。自得其得，自適其適，卽自見自悟也。大抵分別本心與外物耳，不得其本心而馳鶩於外，則皆爲淫僻矣。自聞自見，若在吾書，卽論語所謂「默而識之」，易所謂「默而成之，不言而信」，孟子所謂「施於四體，不言而喻」〔三〕，伊川春秋傳序曰「優游涵泳，默識心通」，皆是此意，但說得平易爾。晦翁譏象山之學，謂江西學者，皆揚眉瞬目，自說悟道，深詆而力闢之。〔四〕故論語集解以識音志，曰默而記之爾；孟子「不言而喻」，亦曰不待人言而自喻，不肯說到頓悟處，蓋有所懲而然，非語、孟二書之本旨也。若以伊川「默識心通」之語觀之，豈得音志乎？然學道者，若用功之時，常有等待通悟之心，此尤不可，所謂執迷待悟，則隔須彌山矣。頓漸自有二機，不可謂有漸而無頓，亦不必人人皆自頓悟得之。仲弓之持敬〔五〕，漸也；顔子之克己復禮〔六〕，頓也。不然，何以曰：「一日克己復禮，天下歸仁焉。」仁，何物也？一日而得之，非頓悟而何？看此數語，先提〔七〕起一句，曰「克己復禮爲仁」，乃曰「一日克己復禮，天下歸仁焉」，又曰「爲仁由己，由人乎哉」，語勢起伏便與禪家答話一同。子細吟玩，方見其味。顔子既於言下領略，乃曰「請問其目」，此卽禪家所謂如何保任〔八〕之時。四非四勿，便是盡心、知性、知天之下，繼以存心、養性、事天、修身俟命之事也。〔九〕其曰「爲仁由己」卽禪家所謂此事別人着力不得也〔一〇〕。先師嘗曰：「佛書最好證吾書。」證則易曉也。上不敢爲仁義之操，是爲善無近名也；下不敢爲淫僻之行，是爲惡無近刑也。道德，自然也，余恐有愧於道德，雖不爲近刑之事，亦不爲近名之事，近名則非自然矣，故曰余愧乎道德，是以上不敢爲仁義之操，而下不敢爲淫僻之行也。觀莊子此語，何嘗不正心修身？其戲侮堯、舜、夫子、曾、史、伯夷，初非實論，特鼓舞其筆端而已。塘東劉叔平〔一一〕向作莊騷同工異曲論曰：「莊周，憤悱之雄也。」樂軒先生甚取此語。看來莊子亦是憤世疾邪而後著此書，其見既高，其筆又奇，所以有過當處。太史公謂其：「善屬書離辭，指事類情，用剽剝儒、墨，雖當世宿學不能自解免也。其言洸洋自恣以適己。」此數句真道着莊子。

校注

〔一〕「狂犬逐塊」，涅槃經二十五：「一切凡夫，惟觀於果，不觀因緣，如犬逐塊，不逐於人。」宗鏡錄第九十八：「太原和尚云：『夫欲發心入道，先須識自本心，若不識自本心，如狗逐塊，非師子王也。』」

〔二〕「幻花又生幻果」，圓覺經：「善男子，有作思惟，從有心起，皆是六塵妄想緣氣，非實心體，已如空華。用此思惟，辨於佛境，猶如空華，復結空果，展轉妄想，無有是處。」禪家常以此語批評不悟本心者。

〔三〕「不言而喻」，道藏本同，宋本作「四體不言而喻」。

〔四〕晦翁之言，朱子語類卷一百二十：「江西學者自以爲得陸删定之學，便高談大論，略無忌憚。忽一日自以爲悟道，明日與人飲酒，如法罵人。某謂賈誼云秦二世今日即位而明日射人，今江西學者乃今日悟道而明日罵人，不知所修者果何道哉。」

〔五〕「仲弓之持敬」，論語雍也：「仲弓曰：『居敬而行簡，以臨其民，不亦可乎？』」

〔六〕「顔子之克己復禮」，論語顔淵：「顔淵問仁。子曰：『克己復禮爲仁。一日克己復禮，天下歸仁焉。爲仁由己，而由人乎哉？』顔淵曰：『請問其目。』子曰：『非禮勿視，非禮勿聽，非禮勿言，非禮勿動。』顔淵曰：『回雖不敏，請事斯語矣。』」

〔七〕「提」，道藏本同，宋本作「振」。

〔八〕「保任」，妙法蓮華經譬喻品：「汝等莫得樂住三界火宅，勿貪麤弊色聲香味觸也，若貪着生愛，則爲所燒。汝速出三界，當得三乘：聲聞、辟支佛、佛乘。我今爲汝保任此事，終不虛也。」一切經音義卷二十七注「保任」曰：「上補道反，當也。下如林反，保也。言可保信，或保證任安信持也。」五燈會元卷四：「師（長慶大安禪師）卽造百丈，禮而問曰：『學人欲求識佛，何者卽是？』丈曰：『大似騎牛覓牛。』師曰：『識得後如何？』丈曰：『如人騎牛至家。』師曰：『未審始終如何保任？』丈曰：『如牧牛人執杖視之，不令犯人苗稼。』」此謂心地理性豁然徹悟後，而習氣淨盡却要逐事去體驗。

〔九〕「便是盡心」等二句，孟子盡心上：「孟子曰：『盡其心者，知其性也，知其性則知天矣。存其心，養其性，所以事天也。殀壽不貳，修身以俟之，所以立命也。』」

〔一〇〕「此事」句，五燈會元卷十五：（雲門文偃）曰：「此事無汝替代處，莫非各在當人分上。」

〔一一〕「塘東劉叔平」，據樂軒集之寄叔嘉叔平、中元連宿竹園劉叔嘉宅、除夜憶福清塘東諸友諸詩及送劉叔嘉赴太學試序，可知劉叔平係陳藻（樂軒）之門生後輩，與林希逸爲同門學友。

外篇馬蹄第九

馬，蹄可以踐霜雪，毛可以禦風寒，齕草飲水，翹足而陸，此馬之真性也。雖有義臺路寢，無所用之。及至伯樂，曰：「我善治馬。」燒之，剔之，刻之，雒之，連之以羈𩊠，編之以皁棧，馬之死者十二三矣。饑之，渴之，馳之，驟之，整之，齊之，前有橛飾之患，而後有鞭筴之威，而馬之死者已過半矣。

此段言外物能爲身累之意。翹足而陸者，凡馬立時其蹄必有跂起者也，此是下句處。義臺路寢，卽是王者之宮室也，義者，養也，「居移氣，養移體」〔一〕之地，必當時有此二字。燒剔，治馬蹄也；刻，削也，亦削其蹄也；雒之，籠絡也；羈，絡其頭也；𩊠，絆其足也，今所謂前鞦後鞦也；連，列之也；皁棧，槽櫪也，衆馬列於其間也，整齊排布行列也。橛，銜也；飾，鑣纓，在頷下，故曰前有橛飾之患。馬制於人而不得自樂其樂，所以死者多矣，卽元龜與其曳尾於泥中意同。但其間下數箇之字，與前言二三，後言過半，文字華密，如美錦然。古今多少筆法，自此萌芽而出。或曰外篇文粗，誤矣。

校　注

〔一〕「居移氣」二句，見孟子盡心上。

陶者曰：「我善治埴，圓者中規，方者中矩。」匠人曰：「我善治木，曲者中鉤，直者應繩。」夫埴木之性，豈欲中規矩鉤繩哉？然且世世稱之曰：「伯樂善治馬而陶、匠善治埴木。」此亦治天下者之過也。

陶，泥匠也；匠，木作也。泥之與木，皆人造之而成器，亦猶馬之被燒、剔、刻、雒、馳、驟、整、齊也，豈不失土木之性？人皆以伯樂、陶、匠爲能，亦猶泰氏而下，以治天下爲能也，卽前篇仁義非人情之意。此三數行之文，其意不過如此，但文字精好。

吾意善治天下者不然。彼民有常性，織而衣，耕而食，是謂同德；一而不黨，命曰天放。故至德之世，其行填填，其視顛顛。當是時也，山無蹊隧，澤無舟梁；萬物羣生，連屬其鄉；禽獸成羣，草木遂長。是故禽獸可係羈而遊，鳥鵲之巢可攀援而闚。夫至德之世，同與禽獸居，族與萬物並，惡乎知君子小人哉？同于〔一〕無知，其德不離；同乎無欲，是謂素樸，素樸而民性得矣。

同德者〔二〕，得之於天者同然也。人之生也，各業其生，或耕或織，皆是自然天機，故曰常性。常性者，即前篇所謂常然也。黨，偏也，倚也，純一而無所偏倚，放肆自樂於自然之中，故曰一而不黨。命曰天放，命曰，猶言謂之也。齊物論之天行、天鈞、天遊與此天放，皆是莊子做此名字，以形容自然之樂。至德之世，言上古也。填填，滿足之貌；顛顛，直視之貌，形容其人樸拙無心之意。又就「其卧徐徐，其覺于于」，應帝王中翻出此語。山無蹊隧，路未通也；澤無舟梁，水路未通也。人各隨其鄉而居，自爲連屬，一鄉之中，自有長幼上下相連屬也。禽獸羣居深山，去人尚遠，無害之者；草木各遂其生長，未有斧斤之禍也。羈係禽獸而遊，攀引鵲巢而闚，人與物相忘也。東坡雜説有少時所居書室，鳥雀〔二〕巢於低枝，桐花鳳四五日一至，頗與此處相似，見詩集二十八卷異鵲詩注。以此觀之，上古之時必是如此，禽獸可與同居，萬物可與同聚，又安有君子小人之分？族，聚也；並，同也。無知，不識不知也。無欲，純乎天理也，舉世皆然，故曰同乎無欲，不離渾全也。素樸，純質也，當此之時，各得其自然之樂，故曰素樸而民性得矣。其德不離，是謂素樸，兩句相因，而下句只用素樸二字接過，古文法也，今人之文更無此等法度。

校注

〔一〕「于」，宋本、道藏本作「乎」。

〔二〕「者」下，宋本有「言」字。

〔三〕「雀」，道藏本同，宋本作「鵲」。

及至聖人，蹩躠爲仁，踶跂爲義，而天下始疑矣；澶漫爲樂，摘僻爲禮，而天下始分矣。故純樸不殘，孰爲犧樽？白玉不毁，孰爲珪璋？道德不廢，安取仁義？性情不離，安用禮樂？五色不亂，孰爲文采？五聲不亂，孰應六律？夫殘樸以爲器，工匠之罪也；毁道德以爲仁義，聖人之過也。

前言及至伯樂，此言及至聖人，以下段應上段也。蹩躠，勉強而行之貌；踶跂，行立不安之貌；澶漫，即汗漫也，流蕩之意；摘僻，用手足之貌，僻合作擗，向音檗，是也。此又是自「屈折禮樂，呴俞仁義」中翻出，言雖不經，其文亦奇。始分者，言其心迹始分矣，分則不純一矣。如此分字，皆是下得好處。樽，刻木而爲之，故曰純樸不殘，孰爲犧樽。玉不琢不成器，故曰白玉不毁，孰爲珪璋。道德，自然也，莊子以仁義爲外，故曰道德不廢，安取仁義。性情，固有也，莊子以禮樂爲強世，故曰情性不離，安用禮樂。若孟子曰「節文斯二者」，「樂斯二者」，聖賢之言也。此書禮樂仁義，字義不同，並以爲外物矣。文采亂五色，六律亂五聲，皆是用人力，非自然之喻。工匠之罪，聖人之過兩句，此上文結語也。

夫馬，陸居則食草飲水，喜則交頸相靡，怒則分背相踶。馬知已此矣。夫加之以衡扼，齊之以月題，而馬知介倪闉扼鷙曼，詭銜竊轡，故馬之知而能至盜者，伯樂之罪也。夫赫胥氏之時，民居不知所爲，行不知所之，含哺而熙，鼓腹而遊，民能已此矣。及至聖人，屈折禮樂以匡天下之形，縣跂仁義以慰天下之心，而民乃始踶跂好知，爭歸於利，不可止也。此亦聖人之過也。

此一段又是把前頭許多説話，翻做數行，中間添得幾句，愈是奇特。喜則交頸相靡，怒則分背相踶，分明是一箇畫馬圖也。相靡，相摩擦也。看他交頸分背字下得如何。衡扼，車上之物，扼，軥也；月題，今所謂額鏡也。介倪，介，獨也，獨立而睥睨，怒之狀也；闉扼，曲頸而扼拒也，不受銜絡之意；鷙，猛也，曼，突也，不受羈勒，而相抵突之狀。詭，設計也；竊，潛地也。詭計以入銜，潛竊以加轡，皆是悍鷙不受調服，故銜轡之時，如此費計較也。與人抗敵者曰盜，馬之知至於抗敵人，伯樂使之也。若無衡扼銜轡之事，則馬自馬，人自人，豈見其介倪闉扼之態哉。民能已此者，言民之所爲止於如此也。匡，正也，以禮樂而正人之形，以仁義而慰人之心，皆〔一〕聖人作而後有此，上古本無之。縣跂，高揭而提起之意；踶跂，不自安也；好知爭利，比馬之詭銜竊轡也。內篇、外篇正與左傳、國語相似，皆出一手，做了左傳，又成國語，其文却與左傳不同。如莊子此篇，便是箇長枝大葉處，故或者以爲非莊子所作，却不然。

校注

〔一〕「皆」，原作「此」，據宋本、道藏本改。

莊子鬳齋口義卷四

外篇胠篋第十

將爲胠篋探囊發匱之盜而爲守備，則必攝緘縢，固扃鐍，此世俗之所謂知也。然而巨盜至，則負匱揭篋擔囊而趨，唯恐緘縢扃鐍之不固也。然則向之所謂知者，不乃爲大盜積者也？故嘗試論之，世俗所謂知者，有不爲大盜積者乎？所謂聖者，有不爲大盜守者乎？何以知其然邪？昔者齊國，鄰邑相望，雞狗之音相聞，罔罟之所布，耒耨之所刺，方二千餘里。闔四竟之内，所以立宗廟社稷，治邑屋州閭鄉曲者，曷嘗不法聖人哉？然而田成子一旦殺齊君而盜其國，所盜者豈獨其國邪？并與其聖智之法而盜之。故田成子有乎盜賊之名，而身處堯、舜之安，小國不敢非，大國不敢誅，十二世有齊國。則是不乃竊齊國，并與其聖知之法，以守其盜賊之身乎？

看此篇使見得憤悱之雄處，粧撰一段譬喻，自爲奇特。胠，開也；探手取之也；發，亦開也。鼠竊之盜却卜此六字，非文乎？緘縢，繩結也；攝，纏繞也。扃，管鑰也；鐍，鎖也。世俗之知，本爲鼠竊之備，大盜至，則併挈而去矣。田氏篡齊，以私量貸，公量入，看左傳所言，便是借聖人之法，以濟其盜賊之謀。戰國之時，大抵如此，故莊子以此喻之。

嘗試論之，世俗之所謂至知者，有不爲大盜積者乎？所謂至聖者，有不爲大盜守者乎？何以知其然邪？昔者龍逢斬，比干剖，萇弘胣，子胥靡，故四子之賢而身不免乎戮。故跖之徒問於跖曰：「盜亦有道乎？」跖曰：「何適而無有道邪？夫妄意室中之藏，聖也；入先，勇也；出後，義也；知可否，知也；分均，仁也。五者不備而能成大盜者，天下未之有也。」由是觀之，善人不得聖人之道不立，跖不得聖人之道不行；天下之善人少而不善人多，則聖人之利天下也少而害天下也多。

胣，裂也；靡，爛也。皆得罪而喪其軀也。四子雖賢，而身皆得罪，盜跖反以自免，此言賢者不足自恃，而竊聖道之名者，或以自利。爲盜之聖、勇、義、知、仁，此是莊子撰出這般名字，以譏侮儒者，其言雖怪，而以世故觀之，實有此理。說到不善人多善人少，利天下少而害天下多處，亦是精絕。

故曰：「脣竭則齒寒，魯酒薄而邯鄲圍，聖人生而大盜起。」掊擊聖人，縱舍盜賊，而天下始治矣。夫川竭而谷虛，丘夷而淵實。聖人已死，則大盜不起，天下平而無故矣。聖人不死，大盜不止。雖重聖人而治天下，則是重利盜跖也。

楚方伐魯，以其酒薄也，而梁乃伐趙，以魯不得而援也。脣與齒，似不相關，脣竭而齒自寒；川與谷不相干，川竭而谷自虚；丘與淵不相干，丘夷而淵自實。即今人所謂張公喫酒李公醉〔一〕也，以喻聖人之法不爲盜設，而反爲盜賊之資，故曰聖人生而大盜起，聖人不生而大盜不起。掊擊聖人，縱舍盜賊，言亦無聖人亦無盜賊，而後天下治也。川水滿則山谷之中皆有水，川竭則谷自虚矣，川與谷雖不相通，而春夏之盈，秋冬之涸，却同也。丘夷，山頽而夷平也，猶曰「山附于地，剥」〔二〕也。山夷則土實之於淵，是不相關而相因也。無故，卽無事也。重聖人而治，言聖人復出也。聖人復出，而制法愈密，欺詐者得之，益可以欺世，故曰重利盜跖也。〔三〕

校　注

〔一〕「張公喫酒李公醉」，唐張鷟朝野僉載卷一：「天后時，謠言曰：『張公喫酒李公醉。』張公者，斥易之兄弟也；李公者，言李氏大盛也。」後遂成俗語。

〔二〕「山附於地，剥」，見易剥之象辭。

〔三〕「故曰重利盜跖也」下，宋本有「魯酒薄而邯鄲圍，又見淮南子，其文稍異，意亦同」十九字。道藏本較宋本少一「而」字，且作雙行小字。

爲之斗斛以量之，則并與斗斛而竊之；爲之權衡以稱之，則并與權衡而竊之；爲之符璽以信之，則并與符璽而竊之；爲之仁義以矯之，則并與仁義而竊之。何以知其然邪？彼竊鉤者誅，竊國者爲諸侯，諸侯之門而仁義存焉，則是非竊仁義聖知邪？

斗斛、權衡、符璽、仁義四者並言，以下抑高之意。竊鉤，小盜也，鉤，腰帶環也；戰國之諸侯，簒奪而得，皆大盜也。小者誅，而大者乃如此，憤世之言也。既爲諸侯，則其立國亦以愛民利物爲事，是不特竊國，併竊聖人之仁義聖知也。

故逐於大盜，揭諸侯，竊仁義并斗斛權衡符璽之利者，雖有軒冕之賞弗能勸，斧鉞之威弗能禁。此重利盜跖而使不可禁者，是乃聖人之過也。故曰：「魚不可脱於淵，國之利器不可以示人。」彼聖人者，天下之利器也，非所以明天下也。

名爲大盜者，人皆欲逐之，今之諸侯皆竊國者，立於人上，人誰不見？故曰揭。如此大盜，昭昭於世，併仁義、斗斛、權衡、符璽以竊之，而世未有立賞以求捕，用刑以禁止者，是皆憤世而爲此言。魚不可脱於淵，言不可離水也，聖人之法只可自用，不可使人人皆知之，故曰非所以明天下也，明者，天下皆知之也。

故絶聖棄知，大盜乃止；擿玉毁珠，小盜不起；焚符破璽，而民朴鄙；掊斗折衡，而民不爭；殫殘天下之聖法，而民始可與論議。

擿玉毁珠、焚符破璽、剖斗折衡，皆是激説，以結絶聖棄知之意，非實論也。殫殘者，毁削也，盡去聖人之法，民始純一，可與言道也，故曰民始可與論議。此皆憤世之辭，故人每以剖斗折衡、焚符破璽之事譏議之，其實卽老子「不貴難得之貨，則民不爲盜」之意，但説得過當耳。東坡曰：「人生識字憂患始。」豈欲天下人全不識字耶？

擢亂六律，鑠絶竽瑟，塞瞽曠之耳，而天下始人含其聰矣；滅文章，散五采，膠離朱之目，而天下始人含其明矣；毁絶鉤繩而棄規矩，攦工倕之指，而天下始人有其巧矣。故曰：「大巧若拙。」削曾、史之行，鉗楊、墨之口，攘棄仁義，而天下之德始玄同矣。彼人含其明，則天下不鑠矣；人含其聰，則天下不累矣；人含其知，則天下不惑矣；人含其德，則天下不僻矣。彼曾、史、楊、墨、師曠、工倕、離朱者，皆外立其德而以爚亂天下者也，法之所無用也。

擢亂者，抽擢而紊亂也，六律有長短之敍，抽而亂之，使其不可用也。鑠絶，焚棄之也。有瞽曠之耳，而後能爲律樂之事，塞其耳，則人之聽皆合乎自然，無此等造作也。明巧兩句，其意亦同。因巧字却舉老子「大巧若拙」一語以證之，亦是文法處。曾、史有忠孝之名，楊、墨有仁義之言，攘除而棄擲之，使仁義之説不行，則天下之人同得此德，始歸於玄妙矣。不鑠，不消散也；不累，無係累也；不惑，不相誑惑也；不僻，無偏陂也。以曾、史、楊、墨與師曠、工倕、離朱並言，亦以小抑大也。外立其德者，重外物而失本心也，爚亂者，言熏灼而撓亂之也。以正法言之，此等人皆無所用，言皆當去也，故曰法之所無用也。此一句結得極有力，文字絕好處。

子獨不知至德之世乎？昔者容成氏、大庭氏、伯皇氏、中央氏、栗陸氏、驪畜氏、軒轅氏、赫胥氏、尊盧氏、祝融氏、伏羲氏、神農氏。

十二箇氏，只軒轅、伏羲、神農見於經，自此以上，吾書中無之，或得於上古之傳，或出於莊子自撰，亦未可知，亦由〔一〕佛言我於過去某刼〔二〕也。雖若大言，然以天地間觀之，自伏羲以來，載籍所可考者，三千餘年，豈有許大天地，方有三千餘年？伏羲以前，必有六籍所不傳者，但言之則近於怪妄，然亦不可不〔三〕知。且如吾閩，自無諸〔四〕以來，方見於漢，至唐而後漸有文物，無諸之前，當猶草昧可也。近時囊山寺前，耕於野者，忽得一穴，其間金玉之器、鼎彝之屬甚多，人皆竊而去之。最後既虛，鄉人皆相率而就觀，其塼無大小，皆雕人物龍虎，不勝精巧，此前穴也。其後一壁，以鋤斧擊之，鞳鞳然有聲，但堅固不可動，必〔五〕是銅鐵所灌，意非有國者之墳不然。書籍所載，閩之士〔六〕無聞焉，必有之而不傳者，然則容成、大庭之類，不可謂無之。

校注

〔一〕「由」，道藏本同，宋本作「猶」。

〔二〕「我於過去某刼」，佛經中說過去因緣常用語，如法華經提婆達多品：「爾時佛告諸菩薩及天人四衆，吾於過去無量劫中，求法華經無有懈惓，於多劫中常作國王，發願求於無上菩提。」

〔三〕「不可不」，原作「必不可」，據宋本、道藏本改。

〔四〕「無諸」，漢書卷九十五閩粵王傳：「閩粵王無諸及粵東海王搖，其先皆粵王句踐之後也，姓騶氏。」

〔五〕「必」，原作「不」，據宋本、道藏本改。

〔六〕「上」，宋本、道藏本作「上」。

當是時也，民結繩而用之，甘其食，美其服，樂其俗，安其居，鄰國相望，雞狗之音相聞，民至老死而不相往來。若此之時，則至治已。今遂至使民延頸舉踵曰「某所有賢者」，贏糧而趣之，則內棄其親而外去其主之事，足跡接乎〔二〕諸侯之境，車軌結乎千里之外。則是上好知之過也。上誠好知而無道，則天下大亂矣。何以知其然邪？

甘食而下，又是山無蹊隧處抽繹出來。某所有賢者，贏糧而趨之，便是暗説孟子、荀子，推而上之，孔子亦在其間矣，觀齊稷下與蘇、張之徒，便見莊子因當時之風俗故有此論。好知則非自然之道矣，故曰好知而無道。

校注

〔一〕「乎」，原無此字，據宋本、道藏本補。

夫弓弩、畢弋、機變之知多，則鳥亂於上矣；鉤餌、罔罟、罾笱之知多，則魚亂於水矣；削格、羅落、罝罘之知多，則獸亂於澤矣；知詐、漸毒、頡滑、堅白、解垢、同異之變多，則俗惑於辯矣。故天下每每大亂，罪在於好知。

畢，有柄之網也；弋，繳射也；機變，變詐也。削格，猶漢書曰儲胥也，猶今之木柵也，捕兔鹿者亦有之。罝罘，亦網也。知詐，以智而相詐也；漸毒，相漸染而爲毒亂也；頡，桀頡也；滑，汩亂也；解垢，隔角也。堅白、解垢、異同，皆當時辯者之名。以取魚取鳥取獸之事，與辯者並言之，亦是以曾、史與斗斛、權衡並譏之意。每每，常常也，常常如此，而至於大亂，皆好智之罪也。

故天下皆知求其所不知，而莫知求其所已知者，皆知非其所不善，而莫知非其所已善者，是以大亂。

不知者，務外求異者也；已知者，曉然而易見者也，自然之理也。不善，在人者也；已善，在我者也。即齊物所謂是其所是，而非其所非，言但知他人之非，而不知己之所是者亦非也。

故上悖日月之明，下爍山川之精，中墮四時之施；惴耎之蟲，肖翹之物，莫不失其性。

甚矣夫好知之亂天下也。自三代以下者是已，舍夫種種之民而悦夫役役之佞，釋夫恬淡無爲而悦夫哼哼之意，哼哼已亂天下矣。

上而日月，下而山川，中而寒暑四時，微而至於惴耎、肖翹之物，皆失其自然之理，故曰莫不失其性。甚矣夫好知之亂天下也，此嘆息一句而結之也。惴耎，微息而動之物，附地者也，蝸蜒之類。肖，小也。翹，輕也，飛物也，蜂蝶之類，肖音蕭。種種，殼實之貌；役役，務外作爲之貌。哼哼，囁囁也。上句既結了，却以三代實之，謂三代以下，便是如此，故曰自三代以下是已。哼哼、役役兩句對説，下面只拈哼哼字結，便與前篇「素樸而民性得矣」處同。逍遥遊曰，湯之問棘也是已，起語也，此曰三代以下是已，結語也。起結雖異，同一機軸也。

外篇在宥第十一

聞在宥天下，不聞治天下也。在之也者，恐天下之淫其性也；宥之也者，恐天下之遷其德也。天下不淫其性，不遷其德，有治天下者哉？昔堯之治天下也，使天下欣欣焉人樂其性，是不恬也；桀之治天下也，使天下瘁瘁焉人苦其性，是不愉也。夫不恬不愉，非德也。非德也而可長久者，天下無之。

聞在宥天下，不聞治天下也，此篇又做一句破題，又是一體。在者，優游自在之意。淫，亂也，靜定則不淫矣。宥者，寬容自得之意。遷，爲外物所遷移也。使天下之人，性皆不亂，德皆不移於外物，又何用治之乎？不恬，不靜也；不愉，不樂也。以堯對桀言之，曾、史、盜跖之類也，全書意勢皆如此，其理皆未正，然筆力豈易及哉？以不恬比不愉，便無輕重矣。

人大喜邪？毗於陽；大怒邪？毗於陰。陰陽并毗，四時不至，寒暑之和不成，其反傷人之形乎。使人喜怒失位，居處無常，思慮不自得，中道不成章，於是乎天下始喬詰卓鷙，而後有盜跖、曾、史之行。故舉天下以賞其善者不足，舉天下以罰其惡者不給，故天下之大不足以賞罰。自三代以下者，匈匈焉終以賞罰爲事，彼何暇安其性命之情哉？喜屬陽，怒屬陰，毗，益也，醫書所謂有餘之病也。致中和則天地位，失其中和，則有四時不至、寒暑不和之事。氣序既逆，則人亦病矣。使人者，言因堯、桀在上，致人如此也。喜怒失位，居處無常，謂妄爲妄動也。「憧憧往來，朋從爾思」〔一〕，是思慮不自得也。成章，有條理也，不成章，則失中道矣。喬，好高而過當也；詰，議論相詰責也；卓，孤立也；鷙，猛厲也。此四字皆形容不和之意。盜跖、曾、史，只是替換賢不肖字，用心既不和，則賢不肖皆非矣。爲天下者，於其賢者而賞之，於其不肖者而罰之，賢非真賢，出於好僞，舉世皆然，故欲賞而不足，不給亦不足也，言世間此等人多矣。其意皆是譏賢者，乃與爲惡者對説，所以重抑賢者也。人人皆慕賞避罰，以僞相與，則豈能安其性情自然之理哉？

校注

〔一〕「憧憧往來」二句，見易咸卦九四爻辭。

而且説明邪？是淫於色也；説聰耶？是淫於聲也；説仁耶？是亂於德也；説義耶？是悖於理也；説禮邪？是相於技也；説樂邪？是相於淫也；説聖邪？是相於藝也；

説知邪？是相於疵也。天下將安其性命之情，之八者，存可也，亡可也；天下將不安其性命之情，之八者，乃始臠卷傖囊而亂天下也。而天下乃始尊之惜之，甚矣天下之惑也。豈直過也而去之邪？乃齊戒以言之，跪坐以進之，鼓歌以儛之，吾若是何哉？

爲明而好五色，爲聰而好五聲，皆亂其真矣，故曰淫。德與理，自然者，仁與義，有心以爲之，故以爲亂於德而悖於理。技，能也，淫，樂也，彼以禮樂爲外物，故曰相於技，相於淫。相，助也，助益之而愈甚也。藝，業也；疵，病也。業能自勞，病乃自苦，以聖知之名而説之，則愈勞愈苦矣，故曰相於業，相於疵。此聖字止近似能字，猶今言草聖之聖也，故於盜亦曰妄意室中之藏，聖也。此皆字義不同處，讀者當自分別，不可與語、孟中字義相紊亂。八者，明、聰、仁、義、禮、樂、聖、知也，安其自然，則八者雖有亦不能爲累，故曰存可也，亡可也。不安其自然，則八者能爲害矣。臠卷，局束之貌；傖囊，多事之貌。豈直過也而去之，言不特獵涉一過，隨即休止。齊戒以言，謂鄭重而誇説之；跪坐以進，謂致恭盡禮而相傳授；鼓歌以儛之，謂言之不足，手舞足蹈也。此皆譏一時之學者。吾若是何哉，言汝輩如此，果何爲哉？吾非自言，指他人而言也，猶詩曰「我姑酌彼金罍」，婦稱其夫也，書曰「我用沉酗于酒」，微子稱紂也，此是文法。

故君子不得已而臨莅天下，莫若無爲。無爲也而後安其性命之情。故貴以身於爲天下，則可以托天下；愛以身於爲天下，則可以寄天下。故君子苟能無解其五藏，無擢其聰明，尸居而龍見，淵默而雷聲，神動而天隨，從容無爲而萬物炊累焉。吾又何暇治天下哉？

此段直說無爲自然之治，不得已三字，便有有天下而不與之意。以其身之可貴，猶貴於爲天下，而後可以天下托之；以其身之可愛，猶愛於爲天下，而後可以天下寄之。此兩句，文亦奇，理亦正，讀莊子之書，於此等句，又當子細玩味。禮記曰：「筋骸之束。」解其五藏，便是不束矣。擢，抽也，過用其聰明也。尸居者，其居如尸然，即曲禮所謂「坐如尸」〔一〕也；龍，文采也。尸居無爲而威儀可則，自然有文，故曰尸居而龍見。淵，深也，靜也；默，不言也；雷聲，感動人也。雖不言而德動人也，禪家所謂是雖不言，其聲如雷也，〔二〕故曰淵默而雷聲。神，精神也；天，天理也。動容周旋，無非天理，故曰神動而天隨。如此三句，亦〔三〕可以莊子爲異端之書乎？理到而文又奇，所以度越諸子。炊累即是野馬塵埃，生物以息相吹之意。炊，動也；累，微細而累多也。虛室之中，漏日如卵處，看日影中微塵，便見此兩字下得奇特，若動而又不動，若多而不見其多，故曰炊累。言我若無爲於上，而天下之人日出而作，日入而息，自得自樂，如萬物之炊累然，又何用我容心以治之？

校注

〔一〕「坐如尸」，見禮記曲禮上、玉藻二篇。

〔二〕「是雖不言，其聲如雷」，景德傳燈録卷八：五臺隱峯訪潙山去後，潙山問侍者：「去時有什麽言語？」對云：「無言語。」潙山云：「莫道無言語，其聲如雷。」宗杲大慧普覺禪師語録第十七曰：「這箇道理與神忽然撞着，不覺到説不得處，雖然不語，其聲如雷。」「到得恁麽田地，方始是放身捨命處，這般境界，須是當人自證自悟始得。」

〔三〕「亦」，宋本同，道藏本作「豈」。

崔瞿問於老聃曰：「不治天下，安臧人心？」老聃曰：「汝慎無攖人心，人心排下而進上，上下囚殺，淖約柔乎剛强，廉劌彫琢，其熱焦火，其寒凝冰。其疾俛仰之間而再撫四海之外，其居也淵而静，其動也縣而天。僨驕而不可係者，其唯人心乎。

此一段把孟子「出入無時，莫知其鄉」合而觀之，便見奇特。無攖者，無撓亂，攖，拂之也。排下者，不得志之時，愈見頹塌，得志之時，則好進不已。上，此心向上也；下，心趨下也。向上向下，皆爲囚殺，乃自累自苦之意。淖約，優美也，剛强之人，或爲淖約所柔，以項羽而泣涕於虞美人是也。廉劌，圭角也；彫琢，磨礱也。諺云：「入太學者，菱角入去，雞頭出來。」即此意也。少年得意之人，多少圭角，更涉憂患世故，皆消磨了，故曰廉劌彫琢。其内熱時，如焦火然；其凜凜時，如凝冰然。此皆形容人心燥怒憂恐之時。一俯仰之間，而其心中往來，如再臨四海之外，其急疾也如此。撫，臨撫也，猶言行一過也。其居也淵而静，言心不動之時；其動也縣而天，言此念一起之時，如縣係於天。僨與憤同，僨驕，亢戾之狀；不可係，卽不可制也。佛經云「如何降伏其心」〔一〕，看他降伏字，便見得僨驕不可係之意。此一段模寫人心，最爲奇妙，非莊子之筆，亦未易能也。

校　注

〔一〕「如何降伏其心」，金剛經：「云何降伏其心。」謂當依何法降伏妄念煩惱。其他經中亦常見類似之語。

昔者黄帝始以仁義攖人之心，堯、舜於是乎股無胈，脛無毛，以養天下之形，愁其五藏以爲仁義，矜其血氣以規法度。然猶有不勝也，堯於是放讙兜於崇山，投三苗於三峗，流共工於幽都，此不勝天下也。夫施及三王而天下大駭矣。下有桀、跖，上有曾、史，而儒、墨畢起。於是乎喜怒相疑，愚知相欺，善否相非，誕信相譏，而天下衰矣；大德不同，而性命爛漫矣；天下好知，而百姓求竭矣。

股無胈，猶髀肉不生之意；脛無毛，言勞其足也。矜音勤，與矝同，矛柄也，項籍傳「鉏櫌棘矜」〔一〕。此言矜梗其血氣也，猶曰柴其内也。規，爲也。言其爲仁義法度，勞苦如此。雖如此勞苦，而猶有無奈何處，故有放流之刑。不勝天下者，言其無如天下何也。四罪而天下咸服，本舜事也，而莊子唤作堯，所以曰其辭雖參差而諔詭可觀，見天下篇。此便是參差處，是實供吐了。堯、舜且如此，延及三王尤大可駭矣。施，延也。三王既如此，所以下而小人，則爲桀、跖之行，上而君子，則慕曾、史之名，而起儒、墨之爭。於是自喜於我而加怒於人，自以爲知而以人爲愚，自以爲善而以人爲否，自以爲信而以人爲誕。彼此皆然，故有相疑、相欺、相非、相譏之事，即齊物篇中，彼亦一是非、此亦一是非之意。爛漫字下得好，性命之理，到此都狼籍了。求竭者，言下無以應之也。

校注

〔一〕「鉏櫌棘矜」，漢書卷三十一項籍傳：「鉏櫌棘矜，不敵於鉤戟長鎩。」

於是乎釿鋸制焉，繩墨殺焉，椎鑿決焉。天下脊脊大亂，罪在攖人心。故賢者伏處大山嵁巖之下，而萬乘之君憂慄乎廟堂之上。今世殊死者相枕也，桁楊者相推也，刑戮者相望也，而儒、墨乃始離跂攘臂乎桎梏之間。意，甚矣哉。其無愧而不知耻也甚矣。吾未知聖知之不爲桁楊椄槢也，仁義之不爲桎梏鑿枘〔一〕也，焉知曾、史之不爲桀、跖嚆矢也？故曰『絶聖棄知而天下大治』。」

此段言其不勝天下，遂至於用刑。釿鋸、繩墨、椎鑿，皆用刑之具也。繩，束縛者也；墨，黥淄也。脊脊者，猶籍籍也。罪在攖人心者，言自黄帝始也。賢者隱遁不出，而其君自勞，天下之被罪者甚衆。氣象如許，而儒、墨於此時，猶且高自標置於舉世罪人之中，故曰乃始離跂攘臂乎桎梏之間。離跂，支離翹跂也；攘臂，奮手言談也，乃自許自高之貌。意，歎也；甚矣哉，言其所爲已甚也。儒、墨於此，可謂甚不知耻也。上下兩甚矣，字意却不同，皆是奇筆處。桁楊，械也；相推，言行者相挨拶也。桁楊椄槢，因聖知而有，桎梏鑿枘，因仁義而有。桀、跖借曾、史之説得以自文而爲害，是曾、史爲桀、跖之嚆矢也。椄槢，今枷中横木，亦楔也。嚆矢，今之響箭也。

校注

〔一〕「枘」，原作「柄」，據宋本、道藏本改。下「桎梏鑿枘」同。

黄帝立爲天子十九年，令行天下，聞廣成子在於空同之上，故往見之，曰：「我聞吾子達於至道，敢問至道之精。吾欲取天地之精，以佐五穀，以養民人，吾又欲官陰陽，以遂羣生，爲之奈何？」廣成子曰：「而所欲問者，物之質也；而所欲官者，物之殘也。自而治天下，雲氣不待族而雨，草木不待黄而落，日月之光益以荒矣。而佞人之心翦翦者，又奚足以語至道？」

取天地之精以佐五穀，是致和而使萬物育也。官陰陽，以遂羣生，是燮調陰陽，以順萬物也。官，各任其職也，陰陽不相戾，各當其職曰官。物之本然者曰質，卽前言至道也。物之殘者，言害物之事也。天地陰陽，皆自然之理，五穀羣生，亦自生自遂之物，有心以官之，則反爲物之害矣。而，汝也，指黄帝而言也。族，聚也，雲不族而有雨，是此有而彼無也。不待黄而落，失時也；荒者，日月有薄蝕，廢其光也，荒，廢也。翦翦，猶淺淺也。

黄帝退，捐天下，築特室，席白茅，閒居三月，復往邀之。廣成子南首而卧，黄帝順下風膝行而進，再拜稽首而問曰：「聞吾子達於至道，敢問治身奈何而可以長久？」廣成子蹷然而起曰：「善哉問乎。來，吾語汝至道。至道之精，窈窈冥冥；至道之極，昏昏默默。無視無聽，抱神以靜，形將自正。必靜必清，無勞汝形，無摇汝精，乃可以長生。目無所見，耳無所聞，心無所知，汝神將守形，形乃長生。

不曰治天下，而曰治身，故以爲善問。窈窈冥冥，遠而不可窮也；昏昏默默，微而不可見也；無視無聽，耳目俱忘也。神存於心曰抱，靜而無爲，形則自正。神必清靜，形不勞役，氣無搖動，則可以長生。今修煉之學，皆原於此。如仙如佛，自古以來，必皆有之，亦不是莊子方爲此說也。無勞、無搖，此無字與勿字同，有禁止之意。目無見，耳無聞，心無知，又解「無視無聽，抱神以靜」兩句。神守其形，則可以長生，此神字，今修養家所謂嬰兒〔一〕是也。

慎汝內，閉汝外，多知爲敗。我爲汝遂於大明之上矣，至彼至陽之原也；爲汝入於窈冥之門矣，至彼至陰之原也。天地有官，陰陽有藏，慎守汝身，物將自壯。我守其一，以處其和，故我修身千二百歲矣，吾形未嘗〔二〕衰。」

慎汝內，不動其心也；閉汝外，不使外物得以動吾心也。纔多知，則爲累矣，不識不知，而後德全，故曰多知爲敗。至陽之初，大明也；至陰之初，窈冥也。原，初也。大明之上，太虛之上也；窈冥之門，無極之始也。易言「一陰一陽之謂道」，亦是此等說話，但其說涵畜，莊子要說得暢快，故其辭如此。爲汝者，教汝也；遂，從也，猶往也；入，窮也，言欲教汝極至於此也。官，職；藏，府也。此言人身自有天地陰陽也，我之天地，各官其官，我之陰陽，各居其所，則此身可以慎守，物物皆自堅固。物者，我身所有之物也，故曰物將自壯。所守者一而不雜，所處者無不和順，此所以形雖千二百歲之久而不衰也。處者，處事處物也，感而應之者也，天地卽吾身之健順也。

校注

〔一〕「嬰兒」，道教名詞。内丹家以己身之精、氣、神凝聚鍊成金丹，或稱聖胎，亦稱嬰兒。

〔二〕「嘗」，原作「常」，道藏本同，據宋本改。

黄帝再拜稽首曰：「廣成子之謂天矣。」廣成子曰：「來，余語汝。彼其物無窮，而人皆以爲終；彼其物無測，而人皆以爲極。得吾道者，上爲皇而下爲王；失吾道者，上見光而下爲土。今夫百昌皆生於土而反於土，故余將去汝，入無窮之門，以遊無極〔一〕之野。吾與日月參光，吾與天地爲常。當我，緡乎；遠我，昏乎。人其盡死，而我獨存乎。」

廣成子之謂天者，言其可與天合一也。物安有窮？而人必求其所終，物豈可測？而人必求其所極，是以有涯而隨無涯也。此兩句極有味，以粗言之，則「打鐵作門限，鬼見拍手笑」〔二〕，亦此意。易不終於既濟，而終於未濟，是知物無窮而物無測也。子在川上而曰「逝者如斯夫」，亦指其無窮無測者言之。上可以爲皇，下可以爲王，此皇、王字如聖盡倫、王盡制〔三〕，如天下篇所謂内聖外王也。皇是無爲者也，王是有爲者也，非三皇與三代之王也。上見光者，日月也，下爲土者，地也，言居天地之間，瞶然無知，舉頭但見日月，低頭但見地下而已。百昌，百物也，生於土而反於土，葉落歸根，臭腐化神奇，神奇化臭腐之意。去汝者，離去人間之意。無窮之門，無極之野，猶言天地之外也。可與日月天地相爲長久，故曰與日月參光，與天地爲常。緡與冥同。昏，暗也。當我者，迎我而來也，遠我者，背我而去也。物之來去，我皆泯然而不知，故曰當我者，緡乎；遠我者，昏乎。人盡死者，以其心死而不知道也。〔四〕

校注

〔一〕「極」，原作「窮」，據宋本、道藏本改。

〔二〕「打鐵作門限」二句，見前一一三頁注〔一〕。

〔三〕「聖盡倫、王盡制」，荀子解蔽：「故學也者，固學止之也。惡乎止之？曰：止諸至足。曷謂至足？曰：聖也。聖也者，盡倫者也。王也者，盡制者也。兩盡者，足以爲天下極矣。」

〔四〕「人盡死者，以其心死而不知道也」，原無此十三字，據宋本補。

雲將東遊，過扶摇之枝而適遭鴻蒙。鴻蒙方將拊髀雀躍而遊。雲將見之，儻然止，贄然立，曰：「叟何人邪？叟何爲此？」鴻蒙拊髀雀躍不輟，對雲將曰：「遊。」雲將曰：「朕願有問也。」鴻蒙仰而視雲將曰：「吁。」雲將曰：「天氣不和，地氣鬱結，六氣不調，四時不節。今我願合六氣之精以育羣生，爲之奈何？」鴻蒙拊髀雀躍，掉頭曰：「吾弗知，吾弗知。」雲將不得問。又三年，東遊，過有宋之野而適遭鴻蒙。雲將大喜，行趨而進曰：「天忘朕邪？天忘朕邪？」再拜稽首，願問於鴻蒙。鴻蒙曰：「浮遊不知所求，猖狂不知所往；遊者鞅掌，以觀無妄。朕又何知？」雲將曰：「朕也自以爲猖狂，而民隨予所往；朕也不得已於民，今則民之放也。願聞一言。」鴻蒙曰：「亂天之經，逆物之情，玄天弗成；解獸之羣，而鳥皆夜鳴；災及草木，禍及昆蟲。噫，治人之過也。」

扶搖之枝，即扶桑日出之地也。拊髀雀躍，形容其跳躍自樂之意。儻然，自失之貌；贄然，屹立之貌。叟，指鴻蒙也。趙州見投子買油而歸，州云：「久聞投子，今見買油翁。」投子曰：「油，油。」〔一〕看禪宗此事，便見雲將曰遊，乃是莊子形容鼓舞處。油字與遊字不同，非以油爲遊也。不輟而對曰遊，仰而視曰吁，畫得自妙。育羣生之問，便與前黄帝之問同。掉頭，搖頭也。天忘朕邪，朕，我也，呼鴻蒙爲天，言前日曾一見，尚記得否？豈已忘之邪？浮遊，周遊也；猖狂，軼蕩也；不知所求，無所求也；不知所往，無所往也。鞅掌，紛汩也，無妄，真也，遊於舉世紛汩之中而自觀其真。不得已於民，言欲謝絶之而不可也。放，効也，民以我爲法也。天之經常，物之情實，皆自然而已，今既以有心爲之，則是亂逆其自然矣，豈得成自然之化？故曰玄天弗成。玄，虚也，猶言先天也。獸羣而不爭，則無異類同類之別，今各解其羣而去，則是有爾我同異也。鳥皆夜鳴，驚也。不能輔物之自然而使失其性，則草木昆蟲皆被禍矣。此皆自有心以治人始，亦猶前曰罪在攖人心也。

校注

〔一〕「趙州見投子」句，景德傳燈錄卷十五：「趙州卽先到庵中坐，師（投子大同）後攜一瓶油歸庵。趙州曰：『久嚮投子，到來祇見箇賣油翁。』師曰：『汝祇見賣油翁，且不識投子。』曰：『如何是投子？』師曰：『油，油。』」

雲將曰：「然則吾奈何？」鴻蒙曰：「噫，毒哉。僊僊乎歸矣。」雲將曰：「吾遇天難，願聞一言。」鴻蒙曰：「噫，心養。汝徒處無爲，而物自化。墮爾形體，吐爾聰明，倫與物忘，大同乎涬溟，解心釋神，莫然無魂。萬物云云，各復其根，各復其根而不知；渾渾沌沌，終身不離；若彼知之，乃是離之。無問其名，無闚其情，物固自生。」雲將曰：「天降朕以德，示朕以默；躬身求之，乃今也得。」再拜稽首，起辭而行。

然則吾奈何者，言今既如此，如之何而可也。毒哉，猶石頭所謂苦哉苦哉是也。僊僊乎，急去之貌，言汝已自毒自苦，可急急歸去，不必問我。這一段粧撰問答處，便似傳燈錄〔一〕上說話。心養者，言止汝此心自養得便是，不曰養心，而曰心養，當子細分別。徒，但也，言汝但處於無爲之中，而物自〔二〕化。自化者，往來不息，自生自化之意也。將從前許多聰明，皆吐去而莫留之。倫與淪同，淪，没也，泯没而與物相忘，則與涬溟大同矣。涬溟，無形無眹，未有氣之始也。解心，解去其有心之心；釋神，釋去其有知之神。莫然，定也；無魂者，無知也。精曰魄，神曰魂，無魂者，猶前言塊然以其形立也。解心之心與心養之心自異，解神之神與抱神以靜之神自異，此等字又當子細體認。云云，衆多也。各復其根，生者必滅也，雖滅而不滅，滅者又生，故曰各復其根而不知。渾渾沌沌，無知無覺之貌，渾沌則終身不離乎道矣。纔有知覺，則與道爲二，故曰若彼知之，乃是離之，此一句甚精微，當着眼看。凡有分別之謂名，凡有好惡之謂情，闚者，見也，無問無闚，則無所分別，無所好惡矣，此卽無爲自然也。我能無爲自然，則物物各遂其生，是其固然者也，故曰物固自生，固者，固有也。降，猶言賜我也，默者，不言也，賜我以自然之德，示我以不言之理。反身而求之，已得此道。躬，親也，自也，言自於吾身求之，乃得其所得矣，遂拜謝而去。

校注

〔一〕「傳燈録」，卽景德傳燈録，宋釋道原撰。記述天竺佛祖以迄中國禪宗歷代傳法機緣。

〔二〕「自」，原作「者」，道藏本同，據宋本改。

世俗之人，皆喜人之同乎己而惡人之異於己也。同於己而欲之，異於己而不欲者，以出乎衆爲心也。夫以出乎衆爲心者，曷嘗出乎衆哉？因衆以寧所聞，不如衆技衆矣。而欲爲人之國者，此攬乎三王之利而不見其患者也。此以人之國僥倖也，幾何僥倖而不喪人之國乎？其存人之國也，無萬分之一；而喪人之國也，一不成而萬有餘喪矣。悲夫，有土者之不知也。

自此以下至篇末，乃是莊子自鋪説一段。欲人同己而不欲其異己，是以我皆出乎衆人之上也。以己之所聞，必欲衆人皆歸向而後安，則我何嘗異乎衆人？雖欲出衆，而何由出衆？若謂之獨見，則必衆人皆不知而後可。既欲人人同我，則是我不如衆人之技多矣。老子曰：「知我希，則我貴矣。」莊子又如此翻騰出，韓退之論文所謂「猶有人之説在」〔一〕，亦是此意。其心如此，而欲爲人之國，是欲攬取三王之利而不知其必爲害患也。以此謀人之國，是圖僥倖也。僥倖爲心，但見有喪，安得有成？但有國者未知其人，而爲其所惑也。有土者，有國也，指當時諸侯而言也，此意分明是譏當時歷聘遊説之士。

校　注

〔一〕「韓退之論文」句，韓愈答李翊書：「當其取於心而注於手也，汩汩然來矣。其觀於人也，笑之則以爲喜，譽之則以爲憂，以其猶有人之説者存也。」

夫有土者，有大物也。有大物者，不可以物物，而不物故能物物。明夫物物者之非物也，豈獨治天下百姓而已哉？出入六合，遊乎九州，獨往獨來，是謂獨有。獨有之人，是之謂至貴。

物物者，有心有迹也，不物者，無爲而爲，自然而然也，無爲則無所不爲，故曰不物故能物物。若知物物之不[一]物，則豈特治天下而已，故曰出入六合，遊乎九州，言道超乎萬物之表也。操縱闔闢於造化之間而與天爲一，非人可得而二之，故曰獨往獨來，是謂獨有。如此，則至貴矣。

校注

〔一〕「不」，原脱，道藏本同，據宋本補。

大人之教，若形之於影，聲之於響。有問而應之，盡其所懷，爲天下配。處乎無響，行乎無方。挈汝適復之撓撓，以遊無端；出入無旁，與日無始；頌論形軀，合乎大同，大同而無己。無己，惡乎得有有？覩有者，昔之君子；覩無者，天地之友。

大人，全人也，卽獨有之人也。形必有影，聲必有響，自然而然也。有問於我，則盡吾之所懷而應之，以此對乎天下，是以一身而獨當天下之大也，我爲主，配爲賓。無響，無聲無臭也；無方，無迹也。撓撓，羣動不已之貌；適，往也；挈，提也；汝，指舉世之人也；復，歸也。挈舉世之人而往歸之於撓撓之中，言雖出世而不外於世間者，是出世、世間非二法〔一〕也。無端，無始也；無旁，四面皆無極也。出入而遊乎其間，日日如是，不見其所終，安知其所始，故曰與日無始。以形軀而論贊之，合乎天地之間，皆同此身也，故曰合乎大同。頌，贊也。我身既與萬物皆同，則不得而自私，是無己矣。既已無己，則何者爲有？卽龐居士所謂「空諸所有，勿實諸所無」〔二〕也。昔之君子，但見其有；與天地爲友者，方見其無。其曰昔之君子者，自堯、舜而下，皆在其中。

校注

〔一〕「出世、世間非二法」，宗鏡錄七十九曰：「世、出世間皆從心起。」景德傳燈錄卷七：大梅山法常禪師曰：「若欲識本，唯了自心，此心元是一切世間、出世間法根本。」敦煌本壇經無相頌：「法元在世間，於世出世間。勿離世間上，外求出世間。」大慧普覺禪師語錄第二十示真如道人：「雖示隨順一切世間，而常行一切出世間法，此乃火宅塵勞中真方便也。」蘇軾南華長老題名記：「明公告東坡居士曰：『宰官行世間法，沙門行出世間法，世間卽出世間，等無有二。』」

〔二〕龐居士語，景德傳燈録卷八：「州牧于公問疾次，居士（龐蘊）謂曰：『但願空諸所有，慎勿實諸所無。好住世間，皆如影響。』」

賤而不可不任者，物也；卑而不可不因者，民也；匿而不可不爲者，事也；粗而不可不陳者，法也；遠而不可不居者，義也；親而不可不廣者，仁也；節而不可不積者，禮也；中而不可不高者，德也；一而不可不易者，道也；神而不可不爲者，天也。

觀此一段，莊子依舊是理會事底人，非止談説虛無而已。伊川言釋氏「有上達而無下學」〔一〕，此語極好，但如此數語中，又有近於下學處，又有精粗不相離之意。以道爲貴，則物爲賤矣，人豈能遺物哉？故曰賤而不可不任者，物也。任，用也。以道爲尊，則在人者卑矣，然豈能離人而獨立哉？故曰卑而不可不因者，民也。因，相依也。匿，隱也，晦昧也；明白者，道也。以事對道，事則晦昧矣，然豈能盡遺世事哉？故曰匿而不可不爲者，事也。道者，精也，法者，粗也，法豈能盡棄哉？故曰粗而不可不陳者，法也。言義則去道遠矣，而義豈可去哉？故曰遠而不可不居者，義也。道無親疎，仁則有愛，雖非至道，而豈能遺仁哉？必推廣之，故曰親而不可不廣者，仁也。禮有節文，似於強世，而不可不爲，故曰節而不可不積者，禮也。「禮儀三百，威儀三千」〔二〕，豈一日一人之力可爲？故曰積。德，人所同得也，雖與世和同，而有當自立處，豈得與人同？故曰中而不可不高者，德也。中，和同也。一於自然者，道也，然而有當變易處，豈容執一而不變？故曰一而不可不易者，道也。不可知之謂神，天之所爲皆不可知，人事不可以不盡，豈可盡委之不可知哉？故曰神而不可不爲者，天也。

校注

〔一〕「伊川言」，河南程氏粹言論道篇：「佛氏之道，一務上達而無下學，本末閒斷，非道也。」

〔二〕「禮儀」二句，見禮記中庸。

故聖人觀於天而不助，成於德而不累，出於道而不謀，會於仁而不恃，薄於義而不積，應於禮而不諱，接於事而不讓，齊於法而不亂，恃於民而不輕，因於物而不去。物者莫足爲也，而不可不爲。不明於天者，不純於德；不通於道者，無自而可；不明於道者，悲夫。

不助者，不容力也，在於人者，不容不爲，而以道眼觀之，則雖爲之而不容力，故曰觀於天而不助。此助字，與助長字同。不累者，不累積以高也，累積以爲高，則是容心不自然矣，累音壘。不謀者，無計度之心也。不恃者，不自以爲恩也；會，聚也。積，不化也，不積則化矣。薄，逼也，近也，所行雖近義，而不自以爲有，曰集義則不化矣。不諱者，不拘忌也；應，應接也。拘於禮文，則有所諱避，可行則行，隨事而應接之，故曰應於禮而不諱。讓，退縮之意也，接事之間，直情徑行，無所退縮，故曰接於事而不讓。以法齊物，雖紛雜之中，而有簡直之意，故曰不亂。民雖可恃而不輕，我以倚重之。物雖可因，而不去本以就末。斡轉從上數句，到此已盡，却又提起一物字，曰物莫足爲也，而不可不爲。此物字卽是精者爲道，粗者爲物，事事物物皆在其中矣。若以道心觀之，皆不足爲，然而有不可以不爲，此便是人心處。觀此一句，則莊子豈不知精粗爲一之理者？又曰不明於天者，不純於德，言世間之事，雖不可不爲，而必知自然之理則可，不明於天理之自然，則在我之德不純一矣。不通於道，卽不明於天也；無自而可者，言無往而不窒礙也。上言不明於天，不通於道，到此結處，又曰不明於道，則知不明於天，不通於道，兩句只是一意。

何謂道？有天道，有人道。無爲而尊者，天道也；有爲而累者，人道也。主者，天道也；臣者，人道也。天道之與人道也，相去遠矣，不可不察也。

此兩行最妙，最親切於學問，但讀者忽而不深求之。無爲而尊者，天道之自然也；有爲而累者，人道之不容不爲者也。上句便屬道心，下句便屬人心，此一累字，便與危字相近。〔一〕主者，天道，是以道心爲主也；臣者，人道，是使人心聽命也。此臣、主字，不是朝廷君臣，從來讀者只作君臣說，誤矣。此是一身中之君臣，齊物論曰：「其遞相爲君臣乎，其有真君存焉。」當如此看，可也。莊子之書，大抵貴無爲而賤有爲，前兩轉既說有爲者不可不爲，又恐人把有爲、無爲作一例看，故於此又曰天道與人道相去遠矣，不可不察也。開闔抑揚，前後照應，若看得出，自是活潑潑地，但其言語錯雜，鼓舞變化，故人有不能盡知之者。兼其間如遠而不可不居者義，親而不可不廣者仁，此語不入聖賢條貫，所以流於異端，須莫作語、孟讀方可。自賤而不可不任以下，至不可不察也，此莊子中大綱領處，與天下篇同。東坡以爲莊子未嘗譏孔子，於天下篇得之，〔二〕今曰莊子未嘗不知精粗本末爲一之理，於此篇得之。更有一說，聖賢之言，萬世無弊，諸子百家亦有說得痛快處。且如易曰：「形而上者謂之道，形而下者謂之器，化而裁之謂之變，推而行之謂之通，舉而措天下之民謂之事業。」又曰：「見乃謂之象，形乃謂之器，制而用之謂之法，利用出入，民咸用之，謂之神。」何嘗不說精底？何嘗不說粗底？說得如此渾成，便自無弊。欒軒云：「儒者悟道，則其心愈細；禪家悟道，則其心愈粗。」此看得儒釋骨髓出，前此所未有也。如莊子此段，把許多世間事，喚做卑、喚做粗，中間又着箇不可不三字，似此手脚更粗了，便無「惟精惟一，允執厥中」〔三〕氣象。若分別得這粗細氣象出，方知欒軒是悟道來，是具大眼目者。他人闢佛，只說得皮毛，他既名作出世法，又以絶人類、去倫紀之說闢之，〔四〕何由得他服？

校注

〔一〕「下句」等三句，書大禹謨：「人心惟危。」

〔二〕「東坡」二句，蘇軾莊子祠堂記：「莊子之言，皆實予而文不予，陽擠而陰助之，其正言蓋無幾，至於詆訾孔子，未嘗不微見其意。其論天下道術，自墨翟、禽滑釐、彭蒙、慎到、田駢、關尹、老聃之徒，以至於其身，皆爲一家。而孔子不與，其尊之也至矣。」按：東坡之意並非以爲莊子未嘗譏孔子，不過「陽擠而陰助」耳。

〔三〕「惟精惟一」二句，見四九頁注〔二〕。

〔四〕「他人闢佛」等四句：朱子語類卷一百二十六：「莊老絶滅義理未盡，至佛則人倫滅盡，至禪則義理滅盡。」二程亦有類似闢佛之言。

外篇天地第十二

天地雖大，其化均也；萬物雖多，其治一也；人卒雖衆，其主君也。君原於德而成於天，故曰玄古之君天下，無爲也，天德而已矣。

其化均者，言皆是元氣也。治，主也，萬物雖多，主之者一，造化而已。人卒雖衆，其主君也，猶言天無二日，民無二王也。天之與我者爲德，我能推原其德之初，皆自天而成之，則人力無所加矣。爲人君者，能知乎此，則無爲而順自然矣，無爲自然，便是天德玄遠也。玄古，猶邃古也。

以道觀言而天下之君正，以道觀分而君臣之義明，以道觀能而天下之官治，以道汎觀而萬物之應備。故通於天地者，德也；行於萬物者，道也；上治人者，事也；能有所藝者，技也。技兼於事，事兼於義，義兼於德，德兼於道，道兼於天。

天地之間，有氣則有聲，有聲而後有名，名之爲君，則天下之分定矣，此自天地之初，纔有聲時，便自定了，此是自然底，故曰以道觀言而天下之君定。言，聲也；道，自然也。既有此分，則自有君臣之義，便是「卑高以陳，貴賤位矣」〔一〕之意，故曰以道觀分而君臣之義明。天下之事，非一人所能用於世者，多隨其能而盡其職，其所以能者，亦天與之，蓋天生許多人出而做許多事，故曰以道觀能而天下之官治。萬物之間，未有無對者，有寒則有熱，有雌則有雄，有上則有下，有前則有後，有左則有右，箇箇相應，皆出自然，故曰以道汎觀而萬物之應備。此四句最妙，其語亦純粹。天能覆能生，地能載能成，同此德也。通，同也。萬物之間，各有自然之理，行乎其中，故曰行於萬物者，道也。上之所以治者，如禮樂刑政，皆治之事也。事事之中，各有藝業，隨其所能者，人之技也。道德，精者也；事與技，粗者也。無精無粗，皆出於自然，則技卽事，事卽藝，藝卽德，德卽道，道卽天，故曰技兼於事，事兼於義，義兼於德，德兼於道，道兼於天。兼者，合二爲一之意。義合作藝，因聲同，故傳寫之訛耳。

校　注

〔一〕「卑高」二句，見禮記樂記。

故曰：古之畜天下者，無欲而天下足，無爲而萬物化，淵靜而百姓定。記曰：「通於一而萬事畢，無心得而鬼神服。」

畜天下，卽孟子所謂以善養天下〔一〕者。我無欲，則天下自然足；我無爲，則天下自然化；我能靜，則百姓自然定，淵靜，澄靜也。萬事不過一理，故曰通一而萬事畢。得於我者，苟能無心，則非特人服之，鬼神亦服之。記曰者，猶傳有之也，此語上世所傳，故莊子舉以自證。此五句極純粹，上三句與老子略同。

校注

〔一〕孟子之言，孟子離婁下：「孟子曰：『以善服人者，未有能服人者也。以善養人，然後能服天下。』」

夫子曰：「夫道，覆載萬物者也，洋洋乎大哉。君子不可以不刳心焉。無爲爲之之謂天，無爲言之之謂德，愛人利物之謂仁，不同同之之謂大，行不崖異之謂寬，有萬不同之謂富。故執德之謂紀，德成之謂立，循於道之謂備，不以物挫志之謂完。君子明於此十者，則韜乎其事，心之大也，沛乎其爲萬物逝也。

夫子，言其師也。刳心者，剔去其知覺之心也，去此知覺之心，而後可以學道。天，自然也，爲之以自然，則謂之天。得於己者，不言而喻，故曰無爲言之之謂德，無爲言者，謂無所容言也。異者亦同，故曰不同同之，如此大矣。崖異，有迹也；寬，綽然也。物物不同，而我皆有之，故曰有萬不同之謂富，即「萬物皆備於我」〔一〕也。紀，條理也，所執之德，小大有序，各有條理，故曰執德謂之紀。卓乎如有所立，德之成也。循其道而行，則無所不備，備道，全美也。完，全也，外物不足以動其心，則在我者全矣，故曰不以物挫志之謂完。十者，天、德、仁、大、寬、富、紀、立、備、完也。韜，藏也，包括萬事而無遺，皆歸於心，此心之大，無外矣，故曰韜乎其事，心之大也。逝者，往也，「逝者如斯」之逝也。萬物往來不窮，而吾與之爲無窮，故曰沛乎其爲萬物逝也。

校注

〔一〕「萬物皆備於我」，見孟子盡心上。

若然者，藏金於山，藏珠於淵，不利貨財，不近貴富；不樂壽，不哀夭；不榮通，不醜窮；不拘一世之利以爲己私分，不以王天下爲己處顯。顯則明，萬物一府，死生同狀。」

藏金於山，藏珠於淵，富藏於天下也。不近者，遠之也。不以壽夭爲哀樂，不以窮通爲榮辱。醜字下得便勝辱字。一世之利與一世共之，不拘以爲我之私分，「人亡弓，人得之」〔二〕之意也。雖王天下，不自以爲尊顯，黄屋非堯心之意也。胸中之明，照乎天地，以此爲顯，故不以王天下爲顯也。聚萬物而歸之一理，故曰一府。死生亦大矣，而無所變於己，視之若一也，故曰同狀。

校注

〔一〕「人亡弓，人得之」，孔子家語好生：「楚王出遊，亡弓，左右請求之。王曰：『止，楚王失弓，楚人得之，又何求之？』孔子聞之：『惜乎其不大也，不曰人遺弓，人得之而已，何必楚也？』」

夫子曰：「夫道，淵乎其居也，漻乎其清也。金石不得，無以鳴。故金石有聲，不考不鳴。萬物孰能定之？

淵乎其居，靜也，居者，不動也，定也。漻乎其清，不混不雜也。金石之鳴，亦自然之天也，故曰金石不得，無以鳴，言鳴底，便是道也。然金石雖有聲，非人考擊之則不鳴，人之考擊，亦是天機也。此兩句，又是一般道理，亦猶前所謂庸詎知吾所謂天者非人乎，所謂人者非天乎，故曰萬物孰能定之。天非人不因，人非天不成，亦是此意，但於此書文字説得奇耳。

夫王德之人，素逝而恥通於事，立之本原而知通於神。故其德廣，其心之出，有物採之。故形非道不生，生非德不明。存形窮生，立德明道，非王德者邪？蕩蕩乎，忽然出，勃然動，而萬物從之乎。此謂王德之人。

王德者，言有王天下之德也。素逝者，以素朴而往，猶易言「素履往」也。事事無不爲，無不能，而不以此爲名，故曰恥通於事。本原，萬物之初也；知通於神，至誠如神也。採，取也，物有取於我，而後其心應之，故曰其心之出，有物採之，採猶感也，出猶應也。萬物皆造化所生，凡有形者，皆同此道也，然非自得於我，則此道不明，言不知也。下句生〔一〕字，言我受天地之中以生也。存我之形，以窮究其始生之理，立我之德，以明其自然之道，此非聖人不能也。蕩蕩乎，言其大也。忽然出，「首出庶物」〔二〕之出也。勃然動，不得已而起之意也。萬物從之，是「聖人作而萬物覩」〔三〕也。

校　注

〔一〕「生」，原作「此」字，據宋本、道藏本改。

〔二〕「首出庶物」，見易乾之彖辭。

〔三〕「聖人作」句，見易乾之文言。

視乎冥冥，聽乎無聲。冥冥之中，獨見曉焉；無聲之中，獨聞和焉。故深之又深而能物焉，神之又神而能精焉；故其與萬物接也，至無而供其求，時騁而要其宿，大小，長短，修遠。」

冥冥，無形之地也，視於無形，而其見曉然，即「恍兮惚兮，其中有象」〔一〕也。人皆以爲無聲，而我之所獨聞，如八音之相和，所謂非見彼也，自見而已矣，非聞彼也，自聞而已矣。深之又深，入玄入妙也，而又能應乎物，言能精能粗也。神，無形也，精，氣也，以無形而見之有氣，形上形下之意也。存於我者虛，而應於物也無已，是以至無而供萬物之求也。時騁，時出而用也，要其所歸宿，不可以一定言。或小或大，或長或短，或遠或近，便是「時中」〔二〕之意。修遠，合作遠近，其意方足，今曰修遠，修卽長也，分明是箇近字意。或是上面既曰小大長短，此言修遠，則近亦在其間。不然則是筆快失檢點處。但此兩三段散語，文字精甚，他人如何有此筆法？

校注

〔一〕「恍兮」二句，老子二十一章：「惚兮恍兮，其中有象。」

〔二〕「時中」，見易蒙之彖辭。

黃帝遊乎赤水之北，登乎崑崙之丘而南望，還歸，遺其玄珠。使知索之而不得，使離朱索之而不得，使喫詬索之而不得也。乃使象罔，象罔得之。黃帝曰：「異哉，象罔乃可以得之乎？」

此段言求道不在於聰明，不在於言語，卽佛經所謂「以有思惟心求大圓覺，如以螢火燒須彌山」〔一〕。

却粧出一段説話如此。玄珠，道也。知，知覺也；離朱，明也；喫詬，言辯也；象罔，無心也。知覺、聰明、言辯皆不可以得道，必無心而後得之。此等譬諭，也自奇絶。

校注

〔一〕「以有思惟心」二句，圓覺經：「善男子，但諸聲聞所圓境界，身心語言，皆悉斷滅，終不能至彼之親證所現涅槃，何況能以有思惟心測度如來圓覺境界？如取螢火燒須彌山，終不能著。」

堯之師曰許由，許由之師曰齧缺，齧缺之師曰王倪，王倪之師曰被衣。堯問於許由曰：「齧缺可以配天乎？吾藉王倪以要之。」許由曰：「殆哉圾乎天下。齧缺之爲人也，聰明叡知，給數以敏，其性過人，而又乃以人受天。彼審乎禁過，而不知過之所由生。與之配天乎？彼且乘人而無天，方且本身而異形，方且尊知而火馳，方且爲緒使，方且爲物絯，方且四顧而物應，方且應衆宜，方且與物化而未始有恒。夫何足以配天乎？雖然，有族有祖，可以爲衆父，而不可以爲衆父父。治亂之率也，北面之禍也，南面之賊也。」

段段是撰出，愈出而愈奇，若此一段，謂外篇粗於内篇，可乎？配天，猶書云「殷禮陟配天」也，言王天下也。要，邀致之也。圾，危也；殆，亦危也。聰明叡知，性也。給，捷也；數，急也；敏，見快也。應事之間，以其性之敏，故應之捷給，此其過人處也。修人事以應天理，故曰以人受天。審，明也，禁過猶持心而未化也，知過之由生，則不待禁止之矣。乘人而無天，言盡其有爲而不知無爲也。乘，行也，行其在人之事，故曰乘人。身，我也，以我對物，故曰本身而異形。火馳，如火之馳，言其急也，自尊尚其知而急用之，故曰尊知而火馳。緒，末也，爲末事所役而不知其本，故曰緒使，叢脞之意也。物絯，爲事爲物所拘礙也。物隨四方而來，顧視而應之，故曰四顧而物應。事事而應，各度其宜，故曰應衆宜。爲物所汩而失其自然之常者，非能定而應也，故曰與物化而未始有恒。化，爲事物所變動；恒，常也，未始有常，無定也。一箇彼且，七箇方且，古今以來，那得這般文筆？雖然，又轉一轉，言其雖未可以配天，亦有可尊處。一族之聚，必尊其祖，故曰有族有祖。只此等閑四字，下得亦奇。衆父者，出於衆人，而可以爲其父也，謂其高一世也。衆父之父，則高又高矣，衆父之父，天也，自然者也。率，將帥也，言此人之用於世，亦可以致治，亦可以致亂。北面，臣也，南面，君也，言以此爲臣道，以此爲君道，皆有患害，故曰北面之禍也，南面之賊也。

堯觀乎華。華封人曰：「嘻，聖人。請祝聖人。使聖人壽。」堯曰：「辭。」「使聖人富。」堯曰：「辭。」「使聖人多男子。」堯曰：「辭。」封人曰：「壽、富、多男子，人之所欲也。汝獨不欲，何邪？」堯曰：「多男子則多懼，富則多事，壽則多辱。是三者，非所以養德也，故辭。」封人曰：「始也我以汝爲聖人邪，今然君子也。天生萬民，必授之職。多男子而授之職，則何懼之有？富而使人分之，則何事之有？

富、壽、多男，人之所欲也，學道者則以爲不足介意，莊子却如此翻説，越見他高處。天生萬民，必授之職，卽是孩兒墮地，便有衣食分劑，山谷所謂「百草愁春雨」是也。富而使人分之，言各付諸人也。

夫聖人，鶉居而鷇食，鳥行而無彰；天下有道，則與物皆昌；天下無道，則修德就閒；千歲厭世，去而上僊；乘彼白雲，至於帝鄉；三患莫至，身常無殃，則何辱之有？」

鶉居，無定所也；鷇，鳥初生者也，其母哺之，雖食而非自求也，言無心於食也。鳥行，飛也；無彰，無迹也，隨所寓而無戀着也。與物皆昌者，物與我各得其生也。修德就閒，「邦無道則隱」〔一〕也。厭世而上仙，解脱之意也。白雲、帝鄉，虛無之上也。三患，少、壯、老也，楞嚴經恒河水之喻〔二〕，便是三患。身常無殃，自樂也。上言壽、富、多男子，下却倒説，壽既在後，其辭又多，此亦文之機軸也。

校注

〔一〕「無道則隱」，見論語泰伯。

〔二〕「恒河水之喻」，楞嚴經卷二：「佛言：大王，汝見變化遷改不停，悟知汝滅，亦於滅時知汝身中有不滅耶？波斯匿王合掌白佛：我實不知。佛言：我今示汝不生滅性。大王，汝年幾時見恒河水？王言：我生三歲，慈母携我謁耆婆天，經過此流，爾時即知是恒河水。佛言：大王，如汝所説，二十之時，衰於十歲，乃至六十，日月歲時，念念遷變，則汝三歲見此河時，至年十三，其水云何？王言：如三歲時，宛然無異，乃至於今，年六十二，亦無有異。佛言：汝今自傷髮白面皺，其面必定皺於童年，則汝今時觀此恒河，與昔童時觀河之見有童耄不？王言：不也，世尊。佛言：大王，汝面雖皺，而此見精性未曾皺，皺者爲變，不皺非變，變者受滅，彼不變者元無生滅，云何於中受汝生死，而猶引彼末伽梨等，都言此身死後全滅？王聞是言，信知身後捨生趣生，與諸大衆踊躍歡喜，得未曾有。」

封人去之。堯隨之，曰：「請問。」封人曰：「退已。」

堯猶欲問，而封人不之答，但曰退已，猶言爾〔一〕去休。接輿「趨而辟」，荷蓧〔二〕丈人「至則行矣」，〔三〕伊川不得與同舟者言〔四〕，皆此機關也。

校注

〔一〕「爾」，宋本、道藏本作「你」。

〔二〕「蓧」，原作「杖」，道藏本同，據宋本改。

〔三〕「接輿」二句，論語微子：「楚狂接輿歌而過孔子」，「孔子下，欲與之言，趨而辟之，不得與之言」。「子路從而後，遇丈人以杖荷蓧」，「使子路反見之，至則行矣」。

〔四〕「伊川」句，河南程氏外書卷十二：「伊川先生貶涪州，渡漢江，中流船幾覆。舟中人皆號哭，伊川獨正襟安坐如常。已而及岸，同舟有老父問曰：『當船危時，君正坐，色甚莊，何也？』伊川曰：『心存誠敬耳。』老父曰：『心存誠敬固善，然不若無心。』伊川欲與之言，而老父徑去。」關於伊川江行事有兩種記錄，朱熹曾加考訂，認爲以上述一則爲是，見朱子語類卷九十七。

堯治天下，伯成子高立爲諸侯。堯授舜，舜授禹，伯成子高辭爲諸侯而耕。禹往見之，則耕在野。禹趨就下風，立而問焉，曰：「昔堯治天下，吾子立爲諸侯。堯授舜，舜授予，而吾子辭爲諸侯而耕，敢問其故何也？」子高曰：「昔堯治天下，不賞而民勸，不罰〔二〕而民畏。今子賞罰而民且不仁，德自此衰，刑自此立，後世之亂自此始矣。夫子闔行邪？無落吾事。〔一〕」俋俋乎耕而不顧。

此段又言世變愈下，一節不如一節，在禹時便不如堯、舜矣。無落吾事者，落，廢也，言吾不暇與汝言，恐廢吾耕事也。俋俋，低首而耕之狀。堯不賞不罰，今子賞罰而民不仁，其意蓋言賞罰不如無，亦如「必也使無訟」〔二〕之意，却借堯、舜、禹之名以言之。

校注

〔一〕「罰」，原作「怒」，道藏本同，據宋本改。

〔二〕「必也」句，見禮記大學。

泰初有無，無有無名；一之所起，有一而未形。物得以生，謂之德；未形者有分，且然無間，謂之命；留動而生物，物成生理，謂之形；形體保神，各有儀則，謂之性。性修反德，德至同於初。同乃虛，虛乃大。合喙鳴，喙鳴合，與天地爲合。其合緡緡，若愚若昏，是謂玄德，同乎大順。

泰初，造化之始也，所有者只是無而已，未有箇有字也。有猶無之，則安得有名？此乃一之所由起也。此一字便是無字，故曰有一而未形。物得以生，則有有矣。凡物各有其有，皆德也。未形者，言一所起之時也，若有分矣，而又分他不得，故曰且然無間。且然，猶且也，且字下常添一字。無間便是渾然者，有分便是粲然者。此命字卽天命謂性之命。留動而生物，元氣之動，運而不已，生而爲物，則是其動者留於此，故曰留動而生物。留動二字下得極精微，莫草草看過。動，陽也，留動，靜也，靜爲陰，此句便有陽生陰成之意。物得之而生，既成物矣，則生生之理皆具，以元氣之動者，而爲我之生者，此謂之形也。看他形字却如此説，實他書所無。形體保神，各有儀則，謂之性，此一句便是詩「有物有則」，便是左傳所謂「民受天地之中以生，有動作威儀之則」也。形體，氣也，氣中有神，所謂儀則，皆此神爲之，便是性中自有仁義禮智之意。若以吾書論此四句，第一句德字却是性字，此性字却是性之用矣，所以道此書字義當作一眼看。性修反德者，言修此性以復其自然之德。德既至矣，盡矣，則與無物之初同矣。反德猶言復禮也。至，極至也。同與〔二〕無物之初，則虛矣，虛則大矣。既虛而大，則有不言之言。合喙者，不言也，鳴者，言也，以不言之言如此下三字，便是他奇筆處。下面却翻一轉，又曰喙鳴合，此合字又與上合字不同矣，言此喙之鳴，既以不言而言，則與自然者合矣。以此自然之合，則與天地合矣，故曰喙鳴合，與天地爲合。緡緡，猶泯泯也，泯泯然若愚若昏，形容此合字也。此乃謂之玄妙之德，則與大順同矣。大順卽太初，自然之理也。

夫子問於老聃曰：「有人治道若相放，可不可，然不然。辯者有言曰：『離堅白若縣寓。』若是則可謂聖人乎？」老聃曰：「是胥易技係，勞形怵心者也。執留〔二〕之狗成思，猨狙之便自山林來。丘，予告若而所不能聞與而所不能言。凡有首有趾、无心无耳者衆，有形者與無形无狀而皆存者盡无。其動止也，其死生也，其廢起也，此又非其所以也。有治在人，忘乎物，忘乎天，其名爲忘己。忘己之人，是之謂入於天。」

若相放，帝王同條共貫之意。以我之可明彼之不可，以我之然明彼之不然。辯者之言，雖曰堅白同異，紛紛多端，而我能分辯之，若懸於天宇之間，謂能曉然揭而示人也。離，分析也。胥易技係，解已見前篇。成思者，爲人所繫縛而成其愁思也。自山林來者，言爲人捕而來也。前曰執斄，此曰執留，斄字誤也。所不能聞，所不能言，卽「性與天道，不可得聞」〔三〕之意。有首有趾，言人之頂踵同也；無心無耳，言其無知無見也。無形無狀，自然而然者。於形而下者見形而上者，卽有形者與無形無狀而皆存也。此一句下得亦奇。盡無者，言世無此人也。動止，起居也；廢起，窮達也。言起居、死生、窮達之間，皆有自然而然者，人皆知動止、死生、廢起之爲動止、死生、廢起，而不知其所以爲動止、死生、廢起者也。退之送文暢序曰：「江河所以流，人物所以繁。」〔四〕亦有所見之言，但今人等閒讀過了。治者，治事之治也；人者，人事也。因人事而治之，則我無容心，故曰有治在人。非惟忘物，併與天亦忘之，此謂之忘己。忘己者，無我也。入於天者，入於自然也，猶前曰入於非人也。上曰忘乎天，此曰入於天，入則與天爲一矣，惟其忘而後能爲一也。

但應帝王曰「未始出於非人」，未能忘乎天也，「未始入於非人」，出乎造化之上也，與此入乎天之語又異。此皆其鼓舞處，不可執着，執着則難讀莊子矣。

校注

〔一〕「與」，宋本、道藏本作「於」。

〔二〕「留」，宋本、道藏本作「貍」。下「此曰執留」同。

〔三〕「性與天道」二句，論語公冶長：「性與天道，不可得而聞也。」

〔四〕退之言，韓愈送浮屠文暢師序：「宜當告之以二帝三王之道，日月星辰之行，天地之所以著，鬼神之所以幽，人物之所以蕃，江河之所以流而語之，不當又爲浮屠之説而瀆告之也。」

蔣閭葂見季徹曰：「魯君謂葂也曰：『請受教。』辭不獲命，既已告矣，未知中否，請嘗薦之。吾謂魯君曰：『必服恭儉，拔出公忠之屬而無阿私，民孰敢不輯？』」季徹局局然笑曰：「若夫子之言，於帝王之德，猶螳蜋之怒臂以當車轍，則必不勝任矣。且若是，則其自爲處危，其觀臺多物將往，投迹者衆。」蔣閭葂覷覷然驚曰：「葂也汒若於夫子之所言矣。雖然，願先生之言其風也。」

薦，陳也，請以所言陳之。拔出公忠之屬，舉賢也；無阿私，無偏黨也。輯，安也。局局，笑之貌也。螳蜋怒其臂以當車轍，言力小不足以任此大事也。曰怒而飛，曰草木怒生，此言怒臂，莊子喜下一箇怒字。其自爲處者，言其自爲所處之地如此，則似危。其觀臺以示於人，人將往而歸之，則投足而來者愈衆矣。多物，人物之多也。意言名聲愈盛，而世之趨者愈衆，則自累矣。覤覤，驚之貌。聞此言而無所知，故曰汒若於夫子所言。風者，遺風之風，亦猶曰言其略也。

季徹曰：「大聖之治天下也，搖蕩民心，使之成教易俗，舉滅其賊心而皆進其獨志，若性之自爲，而民不知其所由然。若然者，豈兄堯、舜之教，民溟涬然弟之哉？欲同乎德而心居矣。」

搖蕩也，轉移也。賊心，有爲之心也；獨志，獨得之志，朝徹見獨之獨也。民既成教而易其習俗，皆滅去私心而進於道，但如生知之性自有，而不知爲上之化，故曰不知其所由然。以堯、舜爲高，而以我次之，故曰兄堯、舜之教而弟之。謂堯、舜豈能勝我，我不在堯、舜之下。却下句如此，也是好奇。溟涬，有低頭甘心之意。民字卽是人字。言凡人能如此，則豈肯兄堯、舜之教，而自處其下也？同乎自然之德，則其心安矣。居，安也；欲者，聖人欲其民如此也。

子貢南遊於楚，反於晉，過漢陰，見一丈人方將爲圃畦，鑿隧而入井，抱甕而出灌，搰搰然用力甚多而見功寡。子貢曰：「有械於此，一日浸百畦，用力甚寡而見功多，夫子不欲乎？」爲圃者卬而視之曰：「奈何？」曰：「鑿木爲機，後重前輕，挈水若抽，數如泆湯，其名爲槔。」爲圃者忿然作色而笑曰：「吾聞之吾師，有機械者必有機事，有機事者必有機心。機心存於胸中，則純白不備；純白不備，則神生不定；神生不定者，道之所不載也。吾非不知，羞而不爲也。」子貢瞞然慙，俯而不對。有間，爲圃者曰：「子奚爲者邪？」曰：「孔丘之徒也。」爲圃者曰：「子非夫博學以擬聖，於于以蓋衆，獨弦哀歌以賣名聲於天下者乎？汝方將忘汝神氣，墮汝形骸，而庶幾乎。而身之不能治，而何暇治天下乎？子往矣，無乏吾事。」

畦間鑿隧，爲水溝也。抽，拔也。泆湯，洋溢而湧出也，言取水之易也。此數句，形容得桔槔自好。機械，器也，用之則爲機事，所以用之者，心也，有機心則純白不備，言不純一虛明也。神生不定，不能抱靜主一也。道所不載，言不能載道也。要求學問工夫，這般處皆當子細體認。子奚爲者，猶論語曰「奚自」也。擬聖，言慕聖人也。於于，自大之貌。獨弦哀歌，言人不己知而自誦自說；賣名，沽名也。獨弦哀歌，譬喻說也，比之擊磬於衛〔二〕，則非矣。忘汝神氣，猶曰黜其聰明也；墮汝形體，即忘己也。汝能如此，猶尚庶幾。不然，身且不治，何能治人？此譏吾聖人之言。無乏，即無落也。

校注

〔一〕「擊磬於衛」，論語憲問：「子擊磬於衛。」

子貢卑陬失色，頊頊然不自得，行三十里而後愈。其弟子曰：「向之人何爲者邪？夫子何故見之變容失色，終日不自反邪？」曰：「始吾以爲天下一人耳，不知復有夫人也。吾聞之夫子，事求可，功求成。用力少，見功多者，聖人之道。今徒不然，執道者德全，德全者形全，形全者神全。神全者，聖人之道也。託生與民並行而不知其所之，汒乎淳備哉。功利機巧必忘夫人之心。

卑陬，慚恧之貌；頊頊，自失之貌。不自反，言不復其常也。天下一人，言孔夫子也。事求可，可爲則爲也。力少而功多，便是桔槔之類。徒，獨也，今其人獨不然，言漢陰丈人也。託其生於世，雖所行小與人同，而不自知其所往，即浮遊而不知所求，猖狂不知所往也，故曰託生與民並行而不知其所之。淳備，純一渾全也；汒乎，無形迹之貌。功利機巧必忘夫人之心，言此人心中必無功利機巧之事也。此忘字與亡同，無也。

若夫人者，非其志不之，非其心不爲。雖以天下譽之，得其所謂，謷然不顧；以天下非之，失其所謂，儻然不受。天下之非譽，無益損焉，是謂全德之人哉。我之謂風波之民。」

夫人者，指漢陰丈人也。不以毁譽爲損益，譽且不顧，而况毁乎？所言行於世，曰得其所謂；所言不行於世，曰失其所謂。風波，言爲世故所役而不自定也。

反於魯，以告孔子。孔子曰：「彼假修渾沌氏之術者也，識其一，不知其二；治其内，而不治其外。夫明白入素，無爲復朴，體性抱神，以遊世俗之間者，汝將固驚耶？且渾沌氏之術，予與汝何足以識之哉？」

假，大也，假修，大修也；渾沌氏，即天地之初也；術，道也。識其一者，所守純一也；不知其二者，言心不分也。内，本心也；外，外物也。明白則可入於素，素者，素朴也。無爲則復歸於自然之朴。體性，全其性也；抱神，一也。汝將固驚邪，固，宜也，言汝未知此道，宜乎驚異也。

諄芒將東之大壑，適遇苑風於東海之濱。苑風曰：「子將奚之？」曰：「將之大壑。」苑風曰：「奚爲焉？」曰：「夫大壑之爲物也，注焉而不滿，酌焉而不竭，吾將遊焉。」苑風曰：「夫子無意于横目之民乎？願聞聖治。」諄芒曰：「聖治乎？官施而不失其宜，拔舉而不失其能，畢見其情事而行其所爲，行言自爲而天下化，手撓顧指，四方之民莫不俱至，此之謂聖治。」

大壑，大海也。横目之民，撰出此等字以形容世人也。遊於大壑者，言世間不足觀，將觀於海。官施不失其宜，隨職而各當其任也；拔舉而不失其能，無遺才也。情事，實事也，盡見事事可爲之實，順其所可爲者而行之，故曰畢見其情事而行其所爲。所行所言皆是自爲，不爲人而爲也，天下自然化之。自爲者，爲己非爲人也。手撓，撓，動也，言舉其手，隨所顧而指之，民莫不應，書曰「惟動丕應徯志」是也。手撓顧指，指麾拱揖之意。聖人之治天下如此，意謂古帝王也。

「願聞德人。」曰：「德人者，居無思，行無慮，不藏是非美惡。四海之内共利之之爲悦，共給之之爲安，怊乎若嬰兒之失其母也，儻乎若行而失其道也。財用有餘而不知其所自來，飲食取足而不知其所從，此謂德人之容。」

居行，動静也，動静無所容心，故曰居無思，行無慮也。不藏是非美惡，佛家所謂「不思善，不思惡」〔一〕也。共利、共給，與人同樂之意。怊乎，悵然之貌。若嬰兒失母，若行失道，皆言其無意人世，有不得已之意。財用飲食皆致之不問，言無心也。德人比之聖治，高一層矣。

校注

〔一〕「不思善，不思惡」，六祖大師法寶壇經行由品第一：「慧能（爲惠明説法）云：『不思善，不思惡，正與麽時，那個是明上座本來面目？』惠明言下大悟。」

「願聞神人。」曰：「上神乘光，與形滅亡，此謂照曠。致命盡情，天地樂而萬事銷亡，萬物復情，此之謂混冥。」

上神，言其神騰躍而上也，出乎天地之外，日月之光反在其下，故曰乘光。與形滅亡，言雖有身，似無身矣。照曠者，言大昭晰也。致命，極乎天命也；盡情者，盡其性中之情也，此情字與孟子「乃若其情，則可以爲善」同。以天地之道自樂，而萬事無所累於我，故曰天地樂而萬事銷亡。復情，復於實理也，萬物皆復於實理，則與我爲一矣。混冥，卽渾淪也，卽所謂渾沌氏也。神人比之德人，又高一層，如此分別，蓋謂古帝王之上，更自有不可及者。

門無鬼與赤張滿稽觀於武王之師。赤張滿稽曰：「不及有虞氏乎，故離此患也。」門無鬼曰：「天下均治而有虞氏治之邪？其亂而後治之與？」赤張滿稽曰：「天下均治之爲願，而何計以有虞氏爲？有虞氏之藥瘍也，禿而施髢，病而求醫。孝子操藥以修慈父，其色燋然，聖人羞之。

滿稽之言，以征伐不及於揖遜。因無鬼之問，又併與有虞氏非之，言天下皆願於治，因有虞氏治之，而反以爲累也。無瘍何以藥？不禿何用髢？不病何用醫？蓋言喚作治天下，便是病了，無爲而治，則無病也。孝子爲父操藥，其色終是不樂，不若父之無病也。故聖人以爲有心於治天下，則可愧矣。其言雖不正，譬喻處亦奇特。修，進也，與羞同，古字通用。羞之，羞恥也。

至德之世，不尚賢，不使能；上如標枝，民如野鹿；端正而不知以爲義，相愛而不知以爲仁，實而不知以爲忠，當而不知以爲信，蠢動而相使，不以爲賜。是故行而無迹，事而無傳。」

舉世淳一，未有賢能之名，故曰不尚賢，不使能。標枝，枯枝也，但見其枝，不見其葉，故曰標枝。野鹿、標枝，皆是無情無欲之喻。端正，修身也；相愛，相親也。相與以實誠也，由心之謂忠。當，事事得其當也。端正而下四不知，言當時未有仁義忠信之名也。蠢動，有生之民也；相使，相友助也。不以爲賜者，不以爲恩也。行而無迹，事而無傳，是當時未有是非毁譽之事也，此皆形容太古之世。

孝子不諛其親，忠臣不諂其君，臣子之盛也。親之所言而然，所行而善，則世俗謂之不肖子；君之所言而然，所行而善，則世俗謂之不肖臣。而未知此其必然邪？世俗之所謂然而然之，所謂善而善之，則不謂之導諛之人也。然則俗故嚴於親而尊於君邪？謂己導人，則勃然作色；謂己諛人，則怫然作色。而終身導人也，終身諛人也。

不諛、不諂，能諫其君父也。隨其所言以爲然，隨其所行以爲善，不知諫者也。在君親則以諫者爲是，以不諫者爲非，而我之於世，隨其所善者而爲之，隨其所以爲是者而是之，則世俗反嚴於君親乎？此意蓋言今人之所謂道，皆世俗之所同是者，非獨得於己而與造物爲徒者也。導，順也；諛，諂也。我之所謂道，只與世俗同，則是我之所爲亦導諛世俗而已矣。若人加以導諛之名，則我必不悦，而終身所爲，不免導諛，言其不能異於世俗也。聖人以天下通行者爲道，而莊子以爲，道必出於一世之上，故以古之帝王與聖賢皆作下一等看，乃如此發明一段，筆勢瀾翻，信不可及，然其言亦太過矣。

合譬飾辭聚衆也，是終始本末不相坐。垂衣裳，設采色，動容貌，以媚一世，而不自謂導諛，與夫人之爲徒，通是非，而不自謂衆人，愚之至也。

合其譬者，言合天下譬喻以立説也；飾辭者，言修飾其言辭也；聚衆者，言聚天下之學者而歸己也。觀其初心，要高於一世，要其終也，不能離於當世之人，是其終始本末不相照應矣，故曰不相坐，猶不相當也。垂衣裳，設采色，動容貌，言儒者之衣冠也。采色，文章也。循循以誘誨學者，故以爲媚一世，此皆譏吾聖人之意。己之所是，學於我者，皆以爲是；己之所非，學於我者，皆以爲非。學於我者，皆流俗之庸人也，我之是非，與彼通同，則亦流俗之人矣。既與庸人爲徒，而不自謂爲庸人，是至愚而無見者也。莊子之意，蓋以其所獨得者，人皆不知，故已與人異，遂有此憤悱之言，非正論也。

知其愚者，非大愚也；知其惑者，非大惑也。大惑者，終身不解；大愚者，終身不靈。三人行而一人惑，所適者猶可致也，惑者少也；二人惑則勞而不至，惑者勝也。而今也以天下惑，予雖有祈嚮，不可得也。不亦悲乎？大聲不入於里耳，折楊、皇荂，則嗑然而笑。是故高言不止於衆人之心，至言不出，俗言勝也。以二缶鍾惑，而所適不得矣。而今也以天下惑，予雖有祈嚮，其庸可得邪？知其不可得也而強之，又一惑也，故莫若釋之而不推。不推，誰其比憂？

終身不解、不靈，只言其不自知也。祈嚮，趨向也。三人同行，而二人皆惑，猶且勞苦而行不至，今天下皆惑於其説，我雖獨有所趨向，何以回一世哉？此予字，莊子自道也。折楊、皇荂，里巷之曲名也。大聲，古樂也，喻其至高之論也。不止於衆人之心者，與之説，不入也。折楊、皇荂，比俗言也，俗言勝則至言隱矣。垂踵者，垂其足而坐，不肯行也，二垂踵惑者，卽前言二人惑也。所適不得，卽前言勞不至也。傳寫之誤，以垂爲缶，以踵爲鍾，皆不可解，以前句證後句，合作垂踵分明。知其不可得而強之，又一惑也，此自歎之言，謂我既知其不可告語，而欲強以語之，是我又添一惑也。釋之，舍去也；不推，不必推説也。比，近也，付之不言，則不近於憂矣，此自解之言。

厲之人夜半生子，遽取火而視之，汲汲然唯恐其似己也。

厲人，惡人也，中間添一之字，猶前言驪之姬也，此是其文法也。惡人生子，恐其似己，是自知其惡也。彼且自知，而世之惑者皆不自知，則不如厲人矣。以前面大惑終身不解，大愚終身不靈，又如此譬説兩句而不結斷，此皆是弄筆處。

百年之木，破爲犧樽，青黄而文之，其斷在溝中。比犧樽於溝中之斷，則美惡有間矣，其於失性一也。跖與曾、史，行義有間矣，然其失性均也。且夫失性有五：一曰五色亂目，使目不明；二曰五聲亂耳，使耳不聰；三曰五臭薰鼻，困惾中顙；四曰五味濁口，使口厲爽；五曰趣舍滑心，使性飛揚。此五者，皆生之害也。而楊、墨乃始離跂自以爲得，非吾所謂得也。夫得者困，可以爲得乎？則鳩鴞之在於籠也，亦可以爲得矣。

其斷在溝中者，破爲犧樽之餘者也。同此一木，或爲犧樽，或棄溝中，榮辱雖不同，必竟皆是枯木矣，此與臧、穀亡羊處意同。五色、五聲、五臭、五味，皆人力爲之，故以爲亂性，以此四者與趣舍並言，所以抑之也。困惾，衝逆人也；中顙，自鼻而通於顙也。濁口，汙其口也；厲爽，乖失也。趣舍，是非好惡也，以趣舍而汩亂其心，則自然之性失矣，故曰趣舍滑心，使性飛揚。楊、墨之學，趣舍滑心者也，而乃自以爲能。彼以其説自困，而乃曰自得，以此爲自得，則禽獸在籠中亦爲自得矣，貶之之甚也。〔一〕

校注

〔一〕此句下，宋本有「濁口，一本作噣，非」七字，道藏本「非」下多一「也」字，且爲雙行小字。

且夫趣舍聲色以柴其内，皮弁、鷸冠、搢笏、紳修以約其外，内支盈於柴柵，外重纆繳，睆睆然在纆繳之中而自以爲得，則是罪人交臂歷指而虎豹在於囊檻，亦可以爲得矣。

以其趣舍形諸言語，見諸顔色，與人爭是非，胸次爲之梗礙，故曰趣舍聲色以柴其内。皮弁、鷸冠、搢笏、紳修，皆儒者之服也。衣服必以禮，強自拘束，故曰以約其外。搢笏，執也；紳修，長帶也。其在於内也，支塞充盈，如柴柵然，言胸中不自在也。外爲禮文束縛，如罪人被束縛然。纆繳，繩縛也；睆睆，目視之貌。人見其自苦，如在束縛之中，而彼自以爲得，是罪囚之人與囊檻之虎，亦以爲自得乎。極口以詆楊、墨，亦已甚矣。交臂，束其手也；歷指，繩縛其手，而指可數也。囊與檻並言，亦猶俗言胡孫入布袋也。

莊子鬳齋口義卷五

外篇天道第十三

天道運而無所積，故萬物成；帝道運而無所積，故天下歸；聖道運而無所積，故海内服。明於天，通於聖，六通四辟於帝王之德者，其自爲也，昧然無不静者矣。聖人之静也，非曰静也善，故静也；萬物無足以鐃心者，故静也。水静則明燭鬚眉，平中准，大匠取法焉。水静猶明，而況精神？聖人之心静乎。天地之鑒也，萬物之鏡也。

帝道、聖道本難分别，莊子之意，蓋以帝爲三皇，聖爲五帝也。運而無積，即是「純亦不已」〔一〕，無積字更分曉。此段主意却在静字上，至静之中運而無積，何嘗是枯木死灰？但讀者不察之耳。六通四辟，猶言東西南北上下無所障礙也。昧然者，冥然之意也。聖人之静也，非曰静也善，故静也，此一句最精神，言聖人非以静爲好事，故欲如此静。萬物不足以撓動其心，故不求静而自静也，鐃與撓同。以水以鏡爲静之喻，即眼前説話，但是文字精到。

校注

〔一〕「純亦不已」，見禮記中庸。

夫虚靜恬淡、寂寞無爲者，天地之平而道德之至，故帝王聖人休焉。休則虚，虚則實，實者倫矣。虚則靜，靜則動，動則得矣。靜則無爲，無爲也則任事者責矣。無爲則俞俞，俞俞者憂患不能處，年壽長矣。夫虚靜恬淡、寂寞無爲者，萬物之本也。明此以南鄉，堯之爲君也；明此以北面，舜之爲臣也。以此處上，帝王天子之德也；以此處下，玄聖素王之道也。以此退居而閒遊，江海山林之士服；以此進爲而撫世，則功大名顯而天下一也。

虚靜恬澹〔一〕、寂寞無爲，把一靜字演作八字，要得分曉也。平，定也；至，極也。言此乃天地一定之理，道德極至之事也。休，止也，言帝王聖人之心，止於此也，亦猶曰「止於至善」〔二〕也。休則虚，卽惟道集虚，吉祥止止也。但此下又言虚則實，實者倫矣，發得又精神。虚則實，卽禪家所謂真空而後實有〔三〕也。倫，理也，實理之中，自有條理，便是渾然之中有粲然者。上句發了虚則實，下句又言虚則靜，靜則動，便是一動一靜，互爲其根。動而無不當其宜，故曰動則得矣。任事者責，言各任其事而盡其責，是無爲而無不爲也。俞俞，安樂之貌。憂患不能處，言不入於憂患也，處有陷入之意，憂患不能入，便是「仁者不憂」〔四〕。年壽長久，便是靜者壽也。四句以虛靜無爲字相生成文，此莊子筆法也。到此又提起虛靜恬淡八字，而斷之以萬物之本。本者，初也，言此理出於未有萬物之初。處上，卽南鄉之君也；處下，不仕者也。玄聖素王，言有聖人之德無聖人之位也。退居而閒遊，隱者也；進爲而撫世，用於時者也。觀此一句，其意何嘗不欲用世，何嘗不以動靜爲一？

校注

〔一〕「澹」，宋本、道藏本作「淡」。

〔二〕「止於至善」，見禮記大學。

〔三〕「真空而後實有」，神會頓悟無生般若頌：「真空爲體，妙有爲用。」「湛然常寂，應用無方。用而常空，空而常用。用而不有，卽是真空；空而不無，玄知妙有。妙有則摩訶般若，真空卽清淨涅槃。般若通秘微之光，實相達真如之境。」

〔四〕「仁者不憂」，見論語子罕。

靜而聖，動而王，無爲也而尊，樸素而天下莫能與之爭美。夫明白於天地之德者，此之謂大本大宗，與天和者也；所以均調天下，與人和者也。與人和者，謂之人樂；與天和者，謂之天樂。

靜則爲聖，動則爲王，即是内聖外王四字。無爲也而尊，尊，貴也，言天下之道，莫貴於無爲也。樸素，無文采也，雖若樸素，而天下之美莫過於此，故曰樸素而天下莫能與之爭美。明白者，言曉然如此也，若知此天地之德，則可以與天爲徒，故曰與天和者也。和，合也。大本大宗，即是贊美自然之德，與自本自根意同。均調天下，則與人合，亦猶堯曰「子，天之合也，我，人之合也」。既曰天和人和，又曰人樂天樂，鼓舞發越，其筆勢大抵如此。

莊子曰：「吾師乎，吾師乎。𩐋萬物而不爲戾，澤及萬世而不爲仁，長於上古而不爲壽，覆載天地、刻彫衆形而不爲巧，此之謂天樂。

此數句與大宗師篇同，却又着莊子曰三字，前曰許由之言，今以爲自言，可見件件寓言，豈可把作實話看。

故曰：『知天樂者，其生也天行，其死也物化。靜而與陰同德，動而與陽同波。』故知天樂者，無天怨，無人非，無物累，無鬼責。故曰：『其動也天，其靜也地，一心定而王天下；其鬼不祟，其魂不疲，一心定而萬物服。』言以虚靜推於天地，通於萬物，此之謂天樂。天樂者，聖人之心，以畜天下也。」

天行，行乎天理之自然也；物化，隨萬物而化也。靜則爲陰，動則爲陽。同波，同流也。聖門只曰「不怨天，不尤人」〔一〕，此又添無物累、無鬼責兩句，愈自精神。鬼出而見於人，則曰祟，其鬼不祟，言神藏而不露也；其魂不疲，言精神不倦也。曰鬼曰魂，卽精神是也。心定則精神自定，萬物自服。以虛靜之理而行於天地萬物之間，故曰推於天地而通於萬物。以畜天下，卽「以善養人者，服天下」〔二〕也。

校注

〔一〕「不怨天，不尤人」，見論語憲問。

〔二〕「以善養人」句，見前一九四頁注〔一〕。

夫帝王之德，以天地爲宗，以道德爲主，以無爲爲常。無爲也，則用天下而有餘；有爲也，則爲天下用而不足。故古之人貴夫無爲也。上無爲也，下亦無爲也，是下與上同德，下與上同德則不臣；下有爲也，上亦有爲也，是上與下同道，上與下同道則不主。上必無爲而用天下，下必有爲爲天下用，此不易之道也。

天地道德，皆無爲之理而已。此段又將無爲與有爲對說，以無爲爲君之道，以有爲爲臣之道。下與上同德則不臣者，言臣當勞也；上與下同道則不主者，言君當佚也。用天下，君也；爲天下用，臣也。如此說臣主，又是一意，不可與在宥篇天道人道同說，若如此拘泥，便讀莊子不得。且如此篇，既言君當無爲，臣當有爲，而前章又曰明此以北面，舜之爲臣也，又曰以此進爲而撫世，則功大名顯，則臣道亦無爲矣，豈其說自相戾乎？所以道若如此拘泥，則讀莊子不得。

故古之王天下者，知雖落天地，不自慮也；辯雖彫萬物，不自說也；能雖窮海内，不自爲也。天不産而萬物化，地不長而萬物育，帝王無爲而天下功。故曰莫神於天，莫富於地，莫大於帝王。故曰帝王之德配天地。此乘天地，馳萬物，而用人羣之道也。

落天地，言籠絡也，落與絡同。彫萬物者，言其巧也。萬物自生，非天生之，萬物自長，非地長之，故曰天不生，地不長。帝王以無爲而成天下之功，亦與天地同也。乘天地者，猶曰「乘六龍以御天」〔一〕也；馳萬物者，役使羣動也。此段只是贊説君道無爲。

校注

〔一〕「乘六龍」句，見易乾之彖辭。

本在於上，末在於下；要在於主，詳在於臣。三軍五兵之運，德之末也；賞罰利害，五刑之辟，教之末也；禮法度數，刑名比詳，治之末也；鐘鼓之音，羽旄之容，樂之末也；哭泣衰絰，隆殺之服，哀之末也。此五末者，須精神之運，心術之動，然後從之者也。末學者，古人有之，而非所以先也。

自此以下，又説有爲，蓋以無爲爲本，而以有爲爲末。要在主，君道無爲也；詳在臣，臣道有爲也。威武，文德之輔助，故曰三軍五兵之運，德之末也。五兵，弓、殳、矛、戈、戟也。明刑以弼教，故曰賞罰利害，五刑之辟，教之末也。度數，等差也；刑名，名物也；比，類例也；詳，纖悉也。禮法度數，鐘鼓羽旄，皆非禮樂之本，猶曰「玉帛鐘鼓云乎哉」〔一〕也。哀之末也，卽「與其易也，寧戚」〔二〕之意。此數句甚平正。精神之運，心術之動，然後從之，蓋言皆由内心以生，非由外鑠我也。末學者，古人有之，而非所以先，此一句尤好，看得莊子何嘗欲全不用兵刑禮樂？

校　注

〔一〕「玉帛」句，論語陽貨：「禮云禮云，玉帛云乎哉；樂云樂云，鐘鼓云乎哉。」

〔二〕「與其」二句，見論語八佾。

君先而臣從，父先而子從，兄先而弟從，長先而少從，男先而女從，夫先而婦從。夫尊卑先後，天地之行也，故聖人取象焉。天尊地卑，神明之位也；春夏先，秋冬後，四時之序也。萬物化作，萌區有狀，盛衰之殺，變化之流也。夫天地至神，而有尊卑先後之序，而況人道乎？宗廟尚親，朝廷尚尊，鄉黨尚齒，行事尚賢，大道之序也。語道而非其序者，非道也；語道而非其道者，安取道？

因上面一先字與一從字，又説許多譬喻。蓋言當先者先，當後者後，皆天地自然之理也，故聖人取而法之，故曰尊卑先後，天地之行也，聖人取象焉。天地四時，亦喻説也。化作，化生也，詩言「薇亦作止」是也。萌，萌芽也；區，區別也。言物生而其狀不同也，隨時變化。先盛後衰，亦是譬喻先後之序。殺，等也，盛者非一時而盛，衰者非一時而衰，皆有次第，故曰盛衰之殺。因先後而及尊卑，尊卑亦先後也。行事尚賢，言任職事以賢爲先也。齒爵親賢，亦天下自然之理，故曰大道之序。安取道者，言既不知其序，又安得有道也？宗廟尚親，昭穆世次也。

是故古之明大道者，先明天而道德次之，道德已明而仁義次之，仁義已明而分守次之，分守已明而形名次之，形名已明而因任次之，因任已明而原省次之，原省已明而是非次之，是非已明而賞罰次之。賞罰已明而愚知處宜，貴賤履位；仁賢不肖襲情，必分其能，必由其名。以此事上，以此畜下，以此治物，以此修身，知謀不用，必歸其天，此之謂太平，治之至也。

此段自言爲治之序，凡有九等，以天爲第一，道德爲第二，仁義爲第三，分守爲第四，形名爲第五，因任爲第六，原省爲第七，是非爲第八，賞罰爲第九。分守，職守也。形名，名，稱也，形與刑同。因任，是因其所職而大任之也。原，免也；省，減也。不任其事，則免之，則省去之矣。是非，旌別淑慝也。賞罰，「撻以記」、「車服以彰」〔一〕之類也。莊子其言爲治之序如此，不知「天討有罪」、「天命有德」〔二〕，賞罰何嘗非天，豈九變而後及之？如此議論，便去聖賢遠甚。但言先明天，次道德，其下又有此數節，亦不是捨粗而求精。愚知處宜，言當其任也。履位，亦猶當位也。襲，安也，安其情實，則君子小人各有所處也。必由其名，循名責實也。知謀不用，必歸其天，言事事雖各有處，而無容其心，皆歸於自然而已，此太平之世也。

校　注

〔一〕「撻以記」、「車服以彰」，書益稷：「撻以記之」，「車服以庸」。揚雄法言先知：「聖人，文質者也，車服以彰之。」

〔二〕「天討有罪」二語，見書皋陶謨。

故書曰：「有形有名。」形名者，古人有之，而非所以先也。古之語大道者，五變而形名可舉，九變而賞罰可言也。驟而語形名，不知其本也；驟而語賞罰，不知其始也。倒道而言，迕道而説者，人之所治也，安能治人？驟而語形名賞罰，此有知治之具，非知治之道；可用於天下，不足以用天下；此之謂辯士，一曲之人也。禮法數度，形〔一〕名比詳，古人有之，此下之所以事上，非上之所以畜下也。

書，古書也。古書之中，雖有形名之説，而未嘗捨本以求末，故曰非所以先。若不知先後，驟然而言之，則失其本始矣。倒，倒置也；迕，逆也。若逆此自然之道，倒置其説，則是治於人者，是爲天下用也，非用天下者也。以刑名賞罰爲治之具，以分守仁義爲治之道，何嘗差錯，但説得衮雜爾。一曲，一偏也。上所以〔二〕畜下，則是君道；下所以〔三〕事上，則是臣道。比，例也；詳，目也。〔四〕

校注

〔一〕「形」，宋本、道藏本作「刑」。

〔二〕「上所以」，道藏本同，宋本作「上以」。

〔三〕「下所以」，道藏本同，宋本作「下以」。

〔四〕「比，例也；詳，目也」，原無此六字，據宋本補。

昔者舜問於堯曰：「天王之用心何如？」堯曰：「吾不敖無告，不廢窮民，苦死者，嘉孺子而哀婦人。此吾所以用心已。」舜曰：「美則美矣，而未大也。」堯曰：「然則何如？」舜曰：「天德而出寧，日月照而四時行，若晝夜之有經，雲行而雨施矣。」堯曰：「然則膠膠擾擾乎。子，天之合也；我，人之合也。」夫天地者，古之所大也，而黄帝、堯、舜之所共美也。故古之王天下者，奚爲哉？天地而已矣。

敖，嫚侮也。苦，哀憐之也。嘉，喜之也；婦人，寡婦也。既與孺子對説，雖無寡字，而意自明。天德，自然之德也；出寧者，「首出庶物，萬國咸寧」〔一〕也。日往則月來，寒往則暑來，日月照而四時行也。既晝而夜，夜而復晝，常常如此。經，常也。雲行雨施，隨時自然，此皆形容無爲而爲之意。膠膠擾擾，言撓亂也。堯曰，我之所爲，未及於汝，未免自爲撓亂，所以只合於人，而未合於天也。然則下三句，謂堯自嘆之辭也。天地者，古之所大，言天地自然之理，自古及今，莫大於此也。共美者，共好之也。王天下者，無他爲，但法天地，則可矣。前言堯、舜既有抑揚，此又與黄帝同説，殊無輕重，若泥其名字，則窒礙不通矣。

校注

〔一〕「首出」二句，見易乾之彖辭。

孔子西藏書於周室。子路謀曰：「由聞周之徵藏史有老聃者，免而歸居，夫子欲藏書，則試往因焉。」孔子曰：「善。」往見老聃，而老聃不許，於是繙十二經以說。老聃中其說，曰：「太謾，願聞其要。」孔子曰：「要在仁義。」老聃曰：「請問，仁義，人之性邪？」孔子曰：「然。君子不仁則不成，不義則不生。仁義，真人之性也，又將奚爲矣？」老聃曰：「請問，何謂仁義？」孔子曰：「中心物愷，兼愛無私，此仁義之情也。」老聃曰：「意，幾乎後言。夫兼愛，不亦迂乎？無私焉，乃私也。夫子若欲使天下無失其牧乎？則天地固有常矣，日月固有明矣，星辰固有列矣，禽獸固有羣矣，樹木固有立矣。夫子亦放德而行，循道而趨，已至矣；又何偈偈乎揭仁義，若擊鼓而求亡子焉？意，夫子亂人之性也。」

西藏書於周室，言西至周，而欲觀其藏書也。繙，反覆言之也。中其說者，言方及半，而老子以爲太繁。太謾，言太汗漫也。物愷者，以物爲樂，與物爲一之意也。後言，猶曰淺近之言也；幾乎，危乎也。物之不齊，何由兼愛？此迂曲難行之說也。纔有無私之名，胸中便有箇私字，有此無私字〔一〕，便是有心，故曰無私焉，乃私也。牧，養也，欲使天下無失其所養，則天地之間，物物皆有自然之造化，何可容力？但當依放自然之德，循行自然之道，能如此已爲極矣，故曰已至矣。亡子，逃也；擊鼓而求，言勞苦而驚動世俗也。如此乃是亂人之性，故歎而言之。意，嘆也；夫子，猶吾子也。偈偈，勞力之貌。

校注

〔一〕「有此無私字」，道藏本同，宋本作「謂之無私」。

士成綺見老子而問曰：「吾聞夫子聖人也，吾固不辭遠道而來願見，百舍重趼而不敢息。今吾觀子，非聖人也，鼠壤有餘蔬而棄妹，不仁也，生熟不盡於前，而積斂無崖。」老子漠然不應。士成綺明日復見，曰：「昔者吾有刺於子，今吾心正卻矣，何故也？」老子曰：「夫巧知神聖之人，吾自以爲脱焉。昔者子呼我牛也而謂之牛，呼我馬也而謂之馬。苟有其實，人與之名而弗受，再受其殃。吾服也恒服，吾非以服有服。」

百舍重趼而不敢息，言其勞也。趼，足跟厚皮也。食蔬之餘，棄於鼠壤暗昧不明之地，妹與昧同，暗也，是不愛物也，故以爲不仁。生熟不盡於前，而積斂無崖，言其積畜〔二〕有餘也。生熟者，生物熟物。在目前者用不盡也，猶且收積不已，故曰積斂無崖。老子漠然不應，是以不答答之也。刺者，譏也；卻，退也。向有所譏，今其心盡，退然無有，謂既見之後，忽然有覺也。巧知神聖，有爲之學也。脱者，離也，言出乎其上也。我既無心，呼馬呼牛，聽汝而已。苟有其實，人與之名而弗受，再受其殃，此一句最純粹，我若實有此事，人以譏我，而我乃拒之，是兩重罪過也，即是「耻過作非」〔二〕，又翻出此語。服，行也，吾之所行，常常如此，非以爲當行而行之，謂不自知也，故曰吾服也恒服。吾非以服有服，即非曰靜也善，故靜之意。却如此下四箇服字，皆是奇筆處。

校注

〔一〕「畜」，宋本、道藏本作「蓄」。下同。

〔二〕「耻過作非」，書說命中：「無耻過作非。」

士成綺鴈行避影，履行遂進而問：「修身若何？」老子曰：「而容崖然，而目衝然，而顙頯然，而口闞然，而狀義然，似繫馬而止也。動而持，發也機，察而審，知巧而覩於泰，凡以爲不信。邊竟有人焉，其名爲竊。」

鴈行避影，形容其側身之貌。履行，一步躡一步也，履行遂進，形容其躡足漸行漸進之貌。崖然，有崖異之狀；衝然，有突視之狀；闞然，口呿之狀；義然，堅固之狀。馬性欲馳，雖繫止而自有奔突之意，即坐馳之意也，形容得最好。動而持，舉動之間，有矜持之貌也。發也機，即所謂其發若機括，其司是非之謂也。察而審者，好用明察而又精審，略不藏畜也。如巧而覩於泰，自恃〔一〕其智巧，而驕泰之意見於外也。凡此十事，皆不誠所致，故曰凡以爲不信。不信，不誠實也，若見實理，則無此病矣。邊竟之間，若有此等人，必指之以爲賊，謂其機心太重，不循乎自然，處世能招禍也。

校注

〔一〕「恃」，原作「持」，據宋本、道藏本改。

夫子曰：「夫道，於大不終，於小不遺，故萬物備。廣廣乎其無不容也，淵乎其不可測也。形德仁義，神之末也，非至人孰能定之？

夫子，老子也。大而無極曰大不終，細而無餘曰小不遺，卽語大莫能載，語小莫能破也。萬物不能外此道，故曰萬物備。廣廣乎，大也；淵乎，深也。形而爲德、爲仁、爲義，皆其妙用之餘也。形，形見也。神，妙用也。定，審定也，非至人孰能定其本末也？

夫至人有世，不亦大乎？而不足以爲之累。天下奮棅而不與之偕，審乎無假而不與利遷，極物之真，能守其本，故外天地，遺萬物，而神未嘗有所困也。通乎道，合乎德，退仁義，賓禮樂，至人之心有所定矣。」

有世，有天下也，雖有天下之大，而不足累其心。棅，權也，雖奮而執天下之棅，此心亦不與之偕往，言心不動也。不爲利遷，言不計利害也。究極萬物真實之理，故能守其本然之靜。外天地，遺萬物，不動於外也。其心不動，神又何所困乎？通，同也；道德，自然也。退仁義，以仁義爲後，而非其所先也。賓禮樂，所主者情性，而禮樂爲賓也。定，靜也，此至人之心所以靜定也。

世之所貴道者書也，書不過語，語有貴也。語之所貴者意也，意有所隨，意之所隨者，不可以言傳也，而世因貴言傳書。世雖貴之哉，猶不足貴也，爲其貴非其貴也。故視而可見者，形與色也；聽而可聞者，名與聲也。悲夫，世人以形色名聲爲足以得彼之情。夫形色名聲果不足以得彼之情，則知者不言，言者不知，而世豈識之哉？

書能載道，世所以貴之，然貴在道，而不在書也。以道爲言，故其言可貴，然所貴者意，而不在言。隨，向也，意之所向，言不得而傳，則言之與書皆不足貴矣。以此爲貴，皆不足貴，故曰爲其貴非其貴也。名，名言也，形色則可見，名聲則可聞，道豈有〔一〕形色名聲哉？以不可見不可聞之道，而世人欲以見聞得其實，可悲也哉。情，實也；果，斷也。見聞斷然不足以得之，故知道者必不言，而有言者必非知道者也。今世之人，其識見豈及此？所以可悲也。

校注

〔一〕「有」，原作「其」，據宋本、道藏本改。

桓公讀書於堂上。輪扁斲輪於堂下，釋椎鑿而上，問桓公曰：「敢問公之所讀者何言邪？」公曰：「聖人之言也。」曰：「聖人在乎？」公曰：「已死矣。」曰：「然則君之所讀者，古人之糟魄已夫。」桓公曰：「寡人讀書，輪人安得議乎？有説則可，無説則死。」輪扁曰：「臣也以臣之事觀之。斲輪，徐則甘而不固，疾則苦而不入。不徐不疾，得之於手而應於心，口不能言，有數存焉於其間。臣不能以喻臣之子，臣之子亦不能受之於臣，是以行年七十而老斲輪。古之人與其不可傳也死矣，然則君之所讀者，古人之糟魄已夫。」

此段只前段之意，謂道不可以言傳，而設喻如此，極爲精妙。甘，滑也；苦，澁也。徐，寬也；疾，緊也。寬則甘滑易入而不堅，緊則澁而難入。要得不寬不緊，自有分數存乎其間。但是説不出，雖父之於子，亦不可傳。書載古人之言耳，其人不存，則其不可傳者，何從得之？糟粕之餔，豈知酒味哉？道而可獻，人莫不以獻諸其君，道而可傳，人莫不以傳於其子，亦此意也。大凡著書所載所言，必非一事，此書翻來覆去，只説一箇自然之理，而撰出許多説話，愈出愈奇，別無第二題目。若如此看，愈見莊子不可及處，讀佛書者亦然。

外篇天運第十四

天其運乎？地其處乎？日月其爭於所乎？孰主張是？孰維綱是？孰居無事推而行是？意者其有機緘而不得已邪？意者其運轉而不能自止邪？雲者爲雨乎？雨者爲雲乎？孰隆施是？孰居無事淫樂而勸是？風起北方，一西一東，有上彷徨，孰噓吸是？孰居無事而披拂是？

此數行句句精絶，五箇乎字，前無古人，後無來者。天行一日一周，天之自運乎？地有四維〔一〕上下，豈　定而處乎？日往月來，却喚作爭其所，言如人相追奪也，此三字誰下得？主張、維綱，但是着力之意。機緘不得已，運轉不能自止，言亦不由他也。天氣下降，地氣上騰，所以爲雲爲雨，但不知雲爲雨乎？雨爲雲乎？如此設問，豈不奇特？隆施，隆，起也，施，止也，與張弛同，言或作或止，孰爲之也。淫樂，淫，放也，樂，戲劇也，勸，助也，言何人爲放意戲樂之事，而助成此雲雨也。四方皆有風，此言起北方者，順天形而言之，天倚於北，則風自北來。或西或東，或上或下。彷徨，往來之貌。言上不言下，文法也。披拂，摇蕩也。

校　注

〔一〕「維」，原作「游」，宋本同，據道藏本改。「四維」見前三七頁注〔二〕。

「敢問何故？」巫咸袑曰：「來，吾語汝。天有六極五常，帝王順之則治，逆之則凶。九洛之事，治成德備，監照下土，天下戴〔一〕之，此謂上皇。」

發問不言人名，又是自變〔二〕箇筆法。六極，六氣也，五常，五行也，六氣五行，皆自然之理也。九洛，九州也，洛，聚落也，洛與落同，古字通用。治成德備，言帝王順此自然之理，以治九州，功成而德備。照臨天下，而人皆戴之，此乃三皇向上人也，故曰此謂上皇。

校　注

〔一〕「戴」，原作「載」，宋本同，據道藏本改。

〔二〕「變」，道藏本同，宋本作「下」。

商太宰蕩問仁於莊子。莊子曰：「虎狼，仁也。」曰：「何謂也？」莊子曰：「父子相親，何爲不仁？」曰：「請問至仁。」莊子曰：「至仁無親。」太宰曰：「蕩聞之，無親則不愛，不愛則不孝。謂至仁不孝，可乎？」莊子曰：「不然。夫至仁尚矣，孝固不足以言之。此非過孝之言也，不及孝之言也。

以虎狼爲仁，便與盜亦有道意同，此皆排抑儒家之論。但其言雖偏，亦自有理，諺云：「惡虎不食子。」豈非虎狼之仁乎？至仁無親者，言仁主於相親，而不知其所以相親，乃謂仁之至。孝不足言者，非不孝也，蓋至於至仁，則孝不待言矣，至仁則在孝之上，過於孝矣。若太宰所問，乃是不及孝之言也，言汝未能盡仁，則於孝爲不及，我能盡仁，則過之矣。〔一〕

校注

〔一〕「豈非虎狼之仁……則過之矣」，宋本此段語句稍異，作：「知有父子，卽爲仁矣。至仁無親者，言相親而不自知，乃仁之至也。孝不足言者，盡仁之至則孝不待言也。至仁過於孝。若太宰所問，乃是不及孝之言，言汝未能盡仁，則於孝爲不及，我既盡仁，則過之矣。」

夫南行者至於郢，北面而不見冥山，是何也？則去之遠也。故曰：以敬孝易，以愛孝難；以愛孝易，而忘親難；忘親易，使親忘我難；使親忘我易，兼忘天下難；兼忘天下易，使天下兼忘我難。夫德遺堯、舜而不爲也，利澤施於萬世，天下莫知也，豈直太息而言仁孝乎哉？夫孝弟仁義，忠信貞廉，此皆自勉以役其德者也，不足多也。故曰：至貴，國爵并焉；至富，國財并焉；至願，名譽并焉。是以道不渝。」

冥山在北，自北而南，行至於郢，則望北山，皆不見矣。此是去之已遠，非不及也。等閑小小譬喻，以發過孝、不及孝之意，亦自奇特。敬孝猶有迹也，愛孝則相忘矣，自此以上，曰忘親，曰忘天下，天下忘我，但要一節高一節，此書筆法例如此，皆以有迹不若無迹，有心不若無心。遺，棄也，蔑視之意。蔑視堯、舜不足以爲德，澤及萬世不足以爲仁，又豈以仁孝自誇美哉？太息而言，嗟歎自夸也。孝弟仁義忠信廉貞八者，世人以爲美德，其實相勸勉以自苦而已，故曰自勉以役其德，不足多也。役，勞也；不足多，不足尚也。我之至貴，何取於國爵？我之至富，何取於國財？我之至願，何取於名譽？并音屏，言皆屏去之也。至貴、至富、至願，無爲之道也。國財，埒國之財也。不渝，不變也，即所謂常然也。八者有爲以自役，而我常無爲也。

北門成問於黄帝曰：「帝張咸池之樂於洞庭之野，吾始聞之懼，復聞之怠，卒聞之而惑，蕩蕩默默，乃不自得。」

此段把樂來粧撰一項説話，又是一般奇特。始而懼，繼而怠，終而惑，言我聞此樂如此三變。蕩蕩，精神散也；默默，口噤也；不自得，不自安也，爲此樂所驚駭也。

帝曰：「汝殆其然哉。吾奏之以人，徽之以天，行之以禮義，建之以太清。夫至樂者，先應之以人事，順之以天理，行之以五德，應之以自然，然後調理四時，太和萬物。〔一〕四時迭起，萬物循生；一盛一衰，文武倫經；一清一濁，陰陽調和，流光其聲；蟄蟲始作，吾驚之以雷霆；其卒無尾，其始無首；一死一生，一僨一起；所常無窮，而一不可待。汝故懼也。

汝殆其然哉，言我之樂而汝聽之，宜其如此三變也。奏，作也。徽，猶琴徽也。行之、建之，動作聳起也。人，人事也；天，天理也；禮義，聲有條理也；太清，合造化也。謂始作之聲，平正如此。自四時迭起以下，又言作用之時，變化驚動，可喜可愕，且作且止，而未見歸宿之地也。發生，文也；肅殺，武也；倫經，次序也。四時生殺，萬物循序而生長，既盛復衰，猶樂聲之有文武倫序也。琴有文武絃，即此文武之類，故曰文武倫經。流光，流暢光華也，調其陰陽清濁之聲，如此流暢光華，若蟄蟲將奮而雷發聲之時，迎之不見其首，隨之不見其終，故曰其卒無尾，其始無首，首尾即終始也。死生僨起，所常無窮，言或作或止，既常且變，故其常者無窮也。求其歸一之地而未得，故曰一不可待。汝之初聞所以懼者如此。

校注

〔一〕「大至樂者，先應之以人事，順之以天理，行之以五德，應之以自然，然後調理四時，太和萬物」三十五字，宋本、道藏本皆無，口義亦未釋及此數句，當係施氏據他本莊子補入，非林希逸慮齋口義原貌也。

吾又奏之以陰陽之和，燭之以日月之明；其聲能短能長，能柔能剛；變化齊一，不主故常；在谷滿谷，在阬滿阬；塗郤守神，以物爲量。其聲揮綽，其名高明。是故鬼神守其幽，日月星辰行其紀。吾止之於有窮，流之於無止。子欲慮之而不能知也，望之而不能見也，逐之而不能及也。儻然立於四虛之道，倚於槁梧而吟。目知窮乎所欲見，力屈乎所欲逐，吾既不及已夫〔一〕。形充空虛，乃至委蛇。汝委蛇，故怠。

陰陽之和，日月之光，亦只是和暢光華之意。長短剛柔，同爲變化，不可指定，故曰變化齊一，不主故常。齊一，同也。故，舊也，不主故常，言愈出愈新也。滿阬滿谷，言塞乎天地之間也。塗郤，塞其聰明也，郤與隙同，言七竅也。黜其聰明而守之以神，隨萬物而爲之劑量，言我之作樂不用智巧，而循自然也。其聲揮動寬綽，自然有高明之名。鬼神守其幽，卽其鬼不祟，其魂不疲也。日月星辰行其紀，往來自然也。若有止，而又若無止，故曰止於有窮，流於〔二〕無止。欲慮不知，欲望不見，欲逐不及，皆形容其似有物而非有物之意。四虛卽太虛也，我當是時，立於太虛之中，隱几而吟。且欲見而不可窮，欲逐而不可及。其形雖充滿，而自忘其身，若空虛然，乃至於委蛇放弛，而況汝乎？汝惟如此放弛，所以怠也。儻然，無心貌也。

校注

〔一〕「夫」，宋本、道藏本作「矣」。

〔二〕「於」，原作「而」，道藏本同，據宋本改。

吾又奏之以無怠之聲，調之以自然之命，故若混逐叢生，林樂而無形；布揮而不曳，幽昏而無聲。動於無方，居於窈冥；或謂之死，或謂之生；或謂之實，或謂之榮；行流散徙，不主常聲。世疑之，稽於聖人。聖也者，達於情而遂於命也。天機不張而五官皆備，此之謂天樂，無言而心說。故有焱氏爲之頌曰：『聽之不聞其聲，視之不見其形，充滿天地，苞裹六極。』汝欲聽之而無接焉，而故惑也。

無怠，不已也。自然之命，卽自然之理也。若混逐叢生者，如萬物之叢生而混同相追逐也。林樂，林然而樂，言林林總總，無非樂也，而不見其形。布散揮動而不容力以牽曳，幽昏而不可聞。變動而無方所，其所居乃在於窈窈冥冥、不可窮極、不可窺測之地。非生非死，非華非實。行流散徙，言不定也；不主常聲，卽不主故常也。世人至此，疑而不曉，乃以問於聖人。稽，考也，問之意也。達於情者，達於實理也；遂於命者，極於自然也。身之五官皆備而天機不動，謂耳目手足雖具，而見聞動作皆不自知，此則得其自然之樂，故曰天樂。楞嚴經云：「反流全一，六用不行。」〔二〕卽天機不張，五官皆備之意也。無言而心悦，謂其悦樂有不容言者。汝於此雖欲聽之，而無所接，所以惑也。到此又撰出一頌，此乃文字紬繹之妙處。充滿天地，苞裹六極，卽是塞乎天地。此頌四句，本無別意，添作一轉，便成節奏，此是作文之法。

樂也者，始於懼，懼故祟；吾又次之以怠，怠故遁；卒之於惑，惑故愚；愚故道，道可載而與之俱也。」

前言懼、怠、惑，未見其意，到歸結處，方説愚而可以入道。這一轉尤妙，蓋言人之求道，須經歷如此境界，方有進步處。祟，森爽之意。怠而遁，是欲罷不能之時；惑而愚，是意識俱亡，「六用不行」之時。看此三節，便似〔二〕禪家作用。其間説樂，雖作三段，亦無大分別，但鼓舞其言而已。

校注

〔二〕楞嚴經語，楞嚴經卷八：「云何現業？阿難，如是清淨持禁戒人，心無貪婬，於外六塵不多流逸，因不流逸，旋元自歸，塵既不緣，根無所偶，反流全一，六用不行，十方國土，皎然清淨，譬如琉璃，内懸明月，身心快然，妙圓平等，獲大安隱，一切如來密圓淨妙，皆現其中，是人卽獲無生法忍。」

校注

〔一〕「似」，原作「是」，據宋本、道藏本改。

孔子西游於衛。顏淵問師金曰：「以夫子之行爲奚如？」師金曰：「惜乎，而夫子其窮哉。」顏淵曰：「何也？」師金曰：「夫芻狗之未陳也，盛以篋衍，巾以文繡，尸祝齋戒以將之。及其已陳也，行者踐其首脊，蘇者取而爨之而已；將復取而盛以篋衍，巾以文繡，遊居寢卧其下，彼不得夢，必且數眯焉。今而夫子，亦取先王已陳芻狗，取弟子遊居寢卧其下。故伐樹於宋，削迹於衛，窮於商周，是非其夢邪？圍於陳蔡之間，七日不火食，死生相與鄰，是非其眯耶？

此段譏吾聖人，在孔子時，已有荷蓧丈人、楚狂接輿、長沮、桀溺，皆是此一種人。芻狗，結草爲狗，以解厭也，祭時所用，已則棄之。篋，筐也；衍，笥也。蘇，取草也。眯，塵入其目也。蓋謂儒者所學，皆古昔陳言，不足用於今世也。

夫水行莫如用舟，而陸行莫如用車，以舟之可行於水也而求推之於陸，則没世不行尋常。古今非水陸與？周、魯非舟車與？今蘄行周於魯，是猶推舟於陸也，勞而無功，身必有殃。彼未知夫無方之傳，應物而不窮者也。

川陸舟車之喻，言時不同也。無方之傳，不執一之道也。自古所傳，自有隨時不執一之道，所以應世而不窮。

且子獨不見夫桔槔者乎？引之則俯，舍之則仰。彼，人之所引，非引人也，故俯仰而不得罪於人。

俯仰隨人而無所容心，卽無方應物之喻也。

故夫三皇五帝之禮義法度，不矜於同而矜於治。故譬三皇五帝之禮義法度，其猶柤梨橘柚邪？其味相反而皆可於口。故禮義法度者，應時而變者也。

柤梨橘柚，人皆美之，而其味各不同，此喻三王不同禮，五帝不同樂之意。柤，果屬，似梨而酸。

今取猨狙而衣以周公之服，彼必齕齧挽裂，盡去而後慊。觀古今之異，猶猨狙之異乎周公也。

以古人之禮樂而強今人行之，是強猨狙而衣以人之服也。不曰人之服，而曰周公之服，意在譏侮聖賢，故多如此下字。周公制禮，有冠冕衣裳之制，故曰周公之服。

故西施病心而矉其里，其里之醜人見而美之，歸亦捧心而矉其里。其里之富人見之，堅閉門而不出，貧人見之，挈妻子而去之走。彼知美矉而不知矉之所以美。惜乎，而夫子其窮哉。」

矉，蹙額也，以今人而學古人，猶以里女而學西施之矉。矉之所以美者，必有西施而後可，道之所以行，必見古人而後可。而夫子，言汝夫子也。此段凡六譬喻，節節皆好。爲文莫難於譬喻，王臞軒邁〔二〕嘗云：平生要自做箇譬喻不得，才思量得，皆是前人已用了底。莊子一書，譬喻處件件奇特。

校注

〔一〕王邁，字貫之，號臞軒，南宋仙遊人，有臞軒集。

孔子行年五十有一而不聞道，乃南之沛見老聃。老聃曰：「子來乎？吾聞子，北方之賢者也，子亦得道乎？」孔子曰：「未得也。」老子曰：「子惡乎求之哉？」曰：「吾求之於度數，五年而未得。」老子曰：「子又惡乎求之哉？」曰：「吾求之於陰陽，十有二年而未得。」老子曰：「然。使道而可獻，則人莫不獻之於其君；使道而可進，則人莫不進之於其親；使道而可以告人，則人莫不告其兄弟；使道而可以與人，則人莫不與其子孫。

度數，禮樂也；陰陽，萬物之理也。五年、十二年，初無義理，但曰精粗求之，久而未得爾。自道而可獻以下四句，發得極妙，卽是道不可傳，乃如此發得〔一〕這般言語。

校注

〔一〕「得」，宋本、道藏本作「出」。

然而不可者，無他也，中無主而不止，外無正而不行。由中出者，不受於外，聖人不出；由外入者，無主於中，聖人不隱。

中無主而不止，非自見自悟也，言學道者雖有所聞於外，而其中自無主，非所自得，雖欲留之，不住也。外無正者，無所質正也，今禪家所謂印證〔一〕也。在我既有所自得，而質之有道之人，得其印證，則可以自行；我無所得，則何以印證於人？此兩句雖分中外，其實只要自得也。由中出者，不受於外，此謂教人者。我之言，雖自中出，而汝不能受。「吾與回言終日，不違」〔二〕，能受者也。汝不能受，則聖人不告汝矣，故曰聖人不出。由外入者，無主於中，此言受教者。我言雖自外而入汝之聽，汝未有見，而中無所主，雖聞其言，亦無得也，即禪家所謂「從門而入者，不是家珍」〔三〕。汝既無得，則但以聖人爲隱，聖人實不隱也，「二三子以我爲隱乎，吾無隱乎爾」〔四〕，便是此意。此四句儘自精微，須子細參究。道之不可傳，無他故也，其病在此四句而已，故先曰「然而不可者，無他也」。

校注

〔一〕「印證」，宗師於對方研習所得證明而許可之。古尊宿語錄卷二十九舒州龍門佛眼和尚語錄：「昔向居士木食澗飲，以所悟布之文字，求二祖大師印證。」「諸仁者，古人悟心，布之文字，實是希有，還見二祖大師與居士所證所得之事麽？」

〔二〕「吾與」二句，論語爲政：「子曰：『吾與回言終日，不違，如愚。』」

〔三〕「禪家」句，景德傳燈録卷十六：「師（黄山月輪禪師）上堂謂衆曰：『祖師西來，特唱此事。自是諸人不薦，向外馳求。投赤水以尋珠，就荆山而覓玉。所以道：從門入者，不是家珍。認影爲頭，豈非大錯？』」

〔四〕「二三子」二句，見論語述而。

名，公器也，不可多取。仁義，先王之蘧廬也，止可以一宿而不可以久處，覯而多責。古之至人，假道於仁〔一〕，託宿於義，以游逍遥之墟，食於苟簡之田，立於不貸之圃。逍遥，無爲也；苟簡，易養也；不貸，無出也。古者謂是采真之遊。

名不可多取，此譏儒者好名也。蘧廬，草屋也。仁義不可久處，言有迹者，不可久也。覯，見也，纔有聲迹可見，則禍患之所由生，故曰覯而多責。假道、託宿，不可久處也，過則化之〔二〕意。苟簡，苟且也，言隨時而不着相也。不貸者，猶今人〔三〕言不折本也。易養，易足也。無出，不費力，無費於我也。采真，采取真實之理也。

校注

〔一〕「仁」，原作「人」，據宋本、道藏本改。

〔二〕「過則化之」，孟子盡心上：「夫君子，所過者化，所存者神。」

〔三〕「人」，原作「生」，道藏本同，據宋本改。

以富爲是者，不能讓祿；以顯爲是者，不能讓名；親權者，不能與人柄。操之則慄，舍之則悲，而一無所鑒，以闚其所不休者，是天之戮民也。

此卽是貪夫狥財、烈士狥名、夸者死權之意。操之而患失則恐慄，舍之而迷戀則自悲，三者皆然。無所鑒者，略無所見也。闚，視也；所不休，迷而不知返也。心無明見而不能反視其迷，此天奪其魄之人也。天之戮民，言天罰之以此苦也。

怨、恩、取、與、諫、教、生、殺，八者，正之器也，唯循大變無所湮者爲能用之。故曰：正者，正也。其心以爲不然者，天門弗開矣。」

君臣之間曰諫，師友之間曰教，有此人世，則有此八者之用。器，用也，用所當用曰正，必無心者，方能用之。循大變，順造化也；無所湮，無所汨也。我能循造化而無所汨，則在我者正，而後可以正物。我未能無心，而以自然之理爲不然，則是其胸中之天已昏塞矣，故曰天門不開。詩曰「天之牖民」，便是天門之意。〔一〕

校注

〔一〕「故曰天門不開。詩曰『天之牖民』，便是天門之意」，原作「故至道之世，各循自然，無所是非，則上下亦相忘矣」。據宋本、道藏本改，宋本、道藏本較貼近莊子本文。

孔子見老聃而語仁義，老聃曰：「夫播穅眯目，則天地四方易位矣；蚊虻噆膚，則通昔不寐矣。夫仁義憯然，乃憤吾心，亂莫大焉。吾子使天下無失其朴，吾子亦放風而動，揔德而立矣，又奚傑然若負建鼓而求亡子者邪？

噆膚、眯目，偏說逆心之喻也。昔即夕也，左傳曰：「居則備一昔之衛。」〔二〕憯然，毒之狀也，言自苦也。憤吾心，逆吾心也。亂莫大焉，言自亂性也。放風，順化也，順化而行，故曰放風而動。揔，執也。若使天下不失其本然之朴，則皆順化而行，執德而立，又何待教之乎？「王建路鼓于寢門」〔三〕，建鼓，言所建之鼓也。招呼天下之人而教之，猶負大鼓而求亡子也。傑然，自高之貌。

校注

〔一〕「左傳」句，左傳僖公三十三年：「居則具一日之積，行則備一夕之衛。」

〔二〕「王建」句，周禮夏官司馬：「建路鼓于大寢之門外。」

夫鵠不日浴而白，烏不日黔而黑，黑白之朴，不足以爲辯；名譽之觀，不足以爲廣。泉涸，魚相與處於陸，相呴以濕，相濡以沫，不若相忘於江湖。」

鵠之白，烏之黑，自然而然，不待浴之黔之，此二喻最佳。黔，染黑也。黑白之朴，言黑白皆有自然之質，無美無惡，不足致辯。以名譽而觀示於天下，便有是非之意，有譽則有毁，此心便不廣大矣。黑白，是非之喻也。魚之呴濡共能幾何？若處之江湖，則相忘於水中矣。至道之世，各循自然，無所是非，則上下亦相忘矣。

孔子見老聃歸，三日不談。弟子問曰：「夫子見老聃，亦將何規哉？」孔子曰：「吾乃今於是乎見龍。龍合而成體，散而成章，乘乎雲氣而養乎陰陽。予口張而不能噜，予又何規老聃哉？」

規，諫也。合而成體，渾然者也；散而成章，粲然者也。龍在天地之間，可見而不可見，故有散合之喻。乘乎雲氣，在造化之上也；養乎陰陽，言以天地之道自樂也。噌，合也，張而不合，無所容言也。

子貢曰：「然則人固有尸居而龍見，雷聲而淵默，發動如天地者乎？賜亦可得而觀乎？」遂以孔子聲見老聃。老聃方將倨堂而應微曰：「余年運而往矣，子將何以戒我乎？」子貢曰：「夫三王〔一〕五帝之治天下不同，其係聲名一也。而先生獨以爲非聖人，如何哉？」老聃曰：「小子少進，子何以謂不同？」對曰：「堯授舜，舜授禹，禹用力而湯用兵，文王順紂而不敢逆，武王逆紂而不肯順，故曰不同。」老聃曰：「小子少進，余語汝三皇〔二〕五帝之治天下。黄帝之治天下，使民心一，民有其親死不哭而民不非也。堯之治天下，使民心親，民有爲其親殺其殺而民不非也。舜之治天下，使民心競，民孕婦十月生子，子生五月而能言，不至乎孩而始誰，則人始有夭矣。禹之治天下，使民心變，人有心而兵有順，殺盜非殺，人自爲種而天下耳，是以天下大駭，儒墨皆起。其作始有倫，而今乎婦女，何言哉？

以孔子之聲見老聃，稱夫子之門人而修謁也。倨堂，居於堂上而自倨，有傲物之意。應微，言其問答之聲甚微也。黄帝之治，順乎自然，自此以下，一節下一節，前篇亦屢有此意，於此又添出數句，頗奇特。制服以其親之輕重爲降殺，故曰爲其親殺其殺，蓋言古無服，而今制禮也。古人十四月而生，兩歲而後言，十月而生，五月而言，謂早也。誰，問也，未至於孩提而早能問人爲誰矣。始，早也；誰，謂誰何也。使民心變，變於古也。人有心，人人各有私心也；兵有順，以用兵爲順事也。爲盜之人可殺，則殺不以爲罪，法禁詳矣。當此時也，人皆自分種類，各親其親，各子其子也，特共此天下而居，故曰而天下耳。其作始有倫，言其始如此作爲之時，人倫之道猶在，今其弊也至於亂倫，而以女爲婦，又何可言哉？謂其不容說也。禮記「大道」、「爲公」一段，亦有此意，但莊子說得太甚。

校注

〔一〕「王」，宋本同，道藏本作「皇」。

〔二〕「皇」，道藏本同，宋本作「王」。

余語汝，三皇五帝之治天下，名曰治之，而亂莫甚焉。三皇之知，上悖日月之明，下睽山川之精，中墮四時之施。其知憯於蠆蠆之尾、鮮規之獸，莫得安其性命之情者，而猶自以爲聖人，不可耻乎？其無耻也。」子貢蹵蹵然立不安。

三皇之知，亦拂天地造化之理，前此多尊三皇而抑五帝，到此又和三皇罵了。蠣蠆，卽蜂類也，其尾有毒。鮮，少也；規，求也。小獸之求，不過鮮少，如狐狸之類。言此等智巧，其爲毒也，亦如此小蟲小獸而已，皆譏侮而卑抑之言。憯，毒也。蹵蹵然，不安之貌也。

孔子謂老聃曰：「丘治詩、書、禮、樂、易、春秋六經，自以爲久矣，孰知其故矣；以奸者七十二君，論先王之道而明周、召之迹，一君無所鉤用。甚矣夫，人之難説也，道之難明耶？」老子曰：「幸矣子之不遇治世之君也。夫六經，先王之陳迹也，豈其所以迹哉？今子之所言，猶迹也。夫迹，履之所出，而迹豈履哉？

禮記中亦有老子呼聖人以名處，想問禮於老聃而師之。孰知其故者，孰知其典故也。鉤，取也。幸不遇者，若有上古聖人，更笑汝也。有履則有迹，得其迹而不得其履，亦猶糟粕之喻也。

夫白鶂之相視，眸子不運而風化；蟲，雄鳴於上風，雌應於下風而風化；類自爲雌雄，故風化。性不可易，命不可變，時不可止，道不可壅。苟得於道，無自而不可；失焉者，無自而可。」孔子不出三月，復見曰：「丘得之矣。烏鵲孺，魚傳沫，細要者化，有弟而兄啼。久矣夫丘不與化爲人。不與化爲人，安能化人？」老子曰：「可，丘得之矣。」

此一段，文之極奇者。白鶂之雌雄，不交而生子，但眸子相視而已。凡物皆風氣所生，風字從虫，便有生物之義，故曰風化，言生子也。鳴於上風，應於下風，謂在上在下也。黃帝順下風而行，却與此同，此風字與風化字又別。類自爲雌雄，言其雌雄在萬物之中，自爲一類，故能如此風化。螟蠕之於蜾蠃〔一〕則非類，而以呪化，此則以相視而化也。性、命、時、道，皆言自然之理不可違也。烏鵲孺，孺，交尾也；魚傳沫者，相濡以沫而生子也。細要，蜂也；化，化生也。有弟而兄啼，兄弟同母，必乳絶而後生，兄不得乳而後有弟，故曰兄啼，此句下得尤奇絶。佛經中多有此類，要盡文章之妙，此類皆不可不知。不與化爲人者，言知人而未知天，不能與造化爲一也。此章以造化生生之理喻自然之道，蓋謂儒者所學皆有爲之爲，而非無爲之爲，無爲之爲，則與造化同功也。佛經所言胎生、卵生、化生、濕生〔二〕，其原必出於此，其意却欲人知此身自無而有，與萬物皆同，所以破世俗自私自戀之心，又與此不同也。

校注

〔一〕「螟蠕之於蜾蠃」，詩小宛：「螟蛉有子，蜾蠃負之。」

〔二〕「胎生、卵生、化生、濕生」，佛家稱做「四生」，據增一阿含經卷十七、俱舍論卷八等載，六道衆生分四種形態：一、卵生，從卵殼而生；二、胎生，從母胎而生；三、濕生（亦名因緣生），從濕氣而生，如腐肉、厠中之蟲；四、化生，無所依託，借業力而出現者，如諸天神、餓鬼及地獄中受苦者。

外篇刻意第十五

刻意尚行，離世異俗，高論怨誹，爲亢而已矣；此山谷之士，非世之人，枯槁赴淵者之所好也。語仁義忠信，恭儉推讓，爲修而已矣；此平世之士，教誨之人，遊居學者之所好也。語大功，立大名，禮君臣，正上下，爲治而已矣；此朝廷之士，尊主強國之人，致功并兼者之所好也。就藪澤，處閒曠，釣魚閒處，無爲而已矣；此江海之士，避世之人，閒暇者之所好也。吹呴呼吸，吐故納新，熊經鳥申，爲壽而已矣；此導引之士，養形之人，彭祖壽考者之所好也。若夫不刻意而高，無仁義而修，無功名而治，無江海而閒，不導引而壽，無不忘也，無不有也，淡然無極而衆美從之，此天地之道，聖人之德也。

刻，雕刻也，工苦用意，以行爲尚也。爲亢，爲高也。怨誹，憤世嫉邪也。非世，議論世事是非也。枯槁，寂寞也；赴淵，投赴淵静也，卽「入林恐不密，入山恐不深」之意。爲修，好修潔也。教誨之人，爲師於世也。致功并兼，是莊子當時目擊之語。避世閒暇，隱者也，逃世遠去，超出是非之外，故與爲亢非世者不同。熊經鳥申，卽華佗五禽之戲也。無不忘，無不有，卽無爲無不爲也。

無極，無定止也。衆美從之，備萬善也。聖人得天地自然之道，故如此也。

故曰：夫恬惔寂漠虚無無爲，此天地之平而道德之質也。故曰：聖人休休焉則平易矣，平易則恬惔矣。平易恬惔，則憂患不能入，邪氣不能襲，故其德全而神不虧。

此篇只是一片文字，自此以下，連下許多「故曰」字，臨末用一譬喻，却以野語有之爲結，須子細看他筆勢波瀾。道德之質，本然者曰質。平易恬淡，即是無爲之意。神不虧，即是德全，着此三字〔一〕，愈見精神。

校注

〔一〕「字」，原作「事」，據宋本、道藏本改。

故曰：聖人之生也天行，其死也物化，靜而與陰同德，動而與陽同波；不爲福先，不爲禍始；感而後應，迫而後動，不得已而後起。去知與故，循天之理。故無天災，無物累，無人非，無鬼責。其生若浮，其死若休。不思慮，不豫謀。光矣而不耀，信矣而不期。其寢不夢，其覺無憂。其神純粹，其魂不罷。虚無恬惔，乃合天德。

天行，順天理而行也。物化，視身猶蜕也。同波，同流也。隨所感而後應，我無容心，故超出乎禍福之外矣。迫而後動，不得已而後起，無心應物之意也。知，私智也；故，事迹也。去其私智，離於事迹，則循乎自然矣。若浮若休，即泛然無着之意。不思慮，不豫謀，即何思何慮也。光而不耀，自晦也。信而不期，不取必於物也。其神全，故純粹；其魂靜，故不勞，罷與疲同。

故曰：悲樂者，德之邪；喜怒者，道之過；好惡者，德之失。故心不憂樂，德之至也；一而不變，靜之至也；無所於忤，虚之至也；不與物交，淡之至也；無所於逆，粹之至也。

有所悲樂，有所喜怒，有所好惡，則非自然矣。憂樂不係於心，方爲至德。一而不變，便是主一而無適也。無所於忤，順自然也。忤，逆也。不與物交，感而後應，雖與物接而不爲物所累也。曰靜、曰虚、曰澹、曰粹，即是一箇自然之德，如此發揮。忤與逆同，但忤深而逆差淺，故作兩句下。粹，無疵也。〔一〕

校注

〔一〕「忤與逆同……無疵也」，宋本作：「忤者，人忤我也，以虚受之則無忤矣。迎者，我不逆物也，逆，迎也。不將不迎則在我者純粹矣。」

故曰：形勞而不休則弊，精用而不已則勞，勞則竭。水之性，不雜則清，莫動則平；鬱閉而不流，亦不能清；天德之象也。故曰：純粹而不雜，靜一而不變，淡而無爲，動而以天行，此養神之道也。

形勞則弊，精用則勞，此養生家切實之語，卽前篇不搖其精，乃可長生是也。勞而不已，必至於竭，故曰勞則竭。以水爲喻，雖似尋常之説，但曰鬱閉而不流，亦不能清，則非全然如枯木死灰矣。不雜則清，莫動則平，此無爲也；不流不能清，此無爲之中有爲也。香嚴所謂喚做閒坐又不得也〔一〕。鬱閉而不流，則是禪家所謂「坐在黑山〔二〕下鬼窟裏」，所謂默照邪禪也。〔三〕天之行也，一日一周，非無爲之有爲乎？故曰天德之象也。養神〔四〕卽是養生，提起一箇神字便親切了。此便是道家之學，釋氏却不肯説這般神字，如曰「無始以來生死本，癡人喚作本來身」〔五〕，便是駡破這般神字。

校注

〔一〕香嚴語，景德傳燈録卷十四：「一日師（藥山惟儼禪師）坐次，石頭覩之，問曰：『汝在遮裏作麽？』曰：『一切不爲。』石頭曰：『恁麽卽閑坐也。』曰：『若閑坐卽爲也。』石頭曰：『汝道不爲個什麽？』曰：『千聖亦不識。』石頭以偈讚曰：『從來共住不知名，任運相將只麽行。自古上賢猶不識，造次凡流豈可明？』」香嚴有無類似之語，待考。

〔二〕「黑山」，原作「以此」，道藏本同，據宋本改。

〔三〕「禪家所謂」句，默照禪爲宋代禪師正覺所倡，其默照銘曰：「默默忘言，昭昭現前，鑒時廓尒，體處靈然。」然同時之宗杲力排之稱爲「邪師説默照禪」（大慧普覺禪師語録卷二十六），説其「鬼窟長年打坐」（五燈會元卷十九）。「坐在黑山下鬼窟裏」爲禪師習用語，指不求妙悟、盲目無知的學人境界。

〔四〕「神」，原作「德」，據宋本、道藏本改。

〔五〕「無始以來」二句，景德傳燈録卷十：長沙景岑禪師有偈曰：「學道之人不識真，只爲從來認識神。無始劫來生死本，癡人喚作本來身。」

夫有干越之劍者，柙而藏之，不敢用也，寶之至也。精神四達並流，無所不極，上際於天，下蟠於地，化育萬物，不可爲象，其名爲同帝。純素之道，唯神是守；守而勿失，與神爲一；一之精通，合于天倫。

寶愛其劍，則柙而藏之，劍且如此，況精神乎？此精用則勞之譬也。四達旁流，下蟠上際，言精神之用如此也。並流，同流也。〔一〕化育萬物，亦此神也，然而無迹可見，故曰不可爲象。同帝者，謂功用與天帝同也。爲純素之學者，其始則唯神是守，守而勿失，用〔二〕功久也，久則與神爲一矣，此

「大而化之」〔三〕之時也。守而未化，猶與道爲二也，化則與道爲一也。天倫卽天理也，一而至於精通，則與天合，此「聖而不可知之謂神」也。此一章頗與吾書合，但説得鼓舞變動，遂成異端。

校注

〔一〕「並流，同流也」，原無此五字，道藏本同，據宋本補。

〔二〕「用」，原作「因」，道藏本同，據宋本改。

〔三〕「大而化之」，孟子盡心下：「大而化之之謂聖，聖而不可知之之謂神。」

野語有之曰：「衆人重利〔一〕，廉士重名，賢士尚志，聖人貴精。」故素也者，謂其無所與雜也；純也者，謂其不虧其神也。能體純素，謂之真人。

野語，田野之語，猶里語也。聖人貴精，精卽神也，以利、名、志三句，形此一句也。素，一色也，故曰無所雜。純，渾全也，故曰不虧。純素卽乾之「純粹精也」。真人，至人也。前曰聖人之德，此又曰真人，便如内篇所謂「至人無己，神人無名」，皆只是聖人字，却換〔二〕許多名字，非曰真人、至人又高於聖人也。刻意言養神，而有天行物化之論，繕性言存身，而有時命行謬之説，以養神、存身分作兩篇，此其分別學問工夫處。讀者不曾子細爲之參究，甚孤莊子千載之意。

校注

〔一〕「利」，原作「刑」，據宋本、道藏本改。
〔二〕「換」，原作「喚」，據宋本、道藏本改。

外篇繕性第十六

繕性於俗學〔一〕，以求復其初；滑欲於俗，思以求致其明，謂之蔽蒙之民。

繕性，治性也。繕性以俗學，譏當時儒墨之言性也。初，自然之理性也。滑，汩没也。滑欲於俗，以利欲滑没於世俗之中也。明，虚明之理也。以俗學治性，而求復其理性之初，滑於利欲，而思欲致虚明之地，此至愚而無知者也。蔽蒙之民，以此名俗學之愚者也。文字起語最難，如此喝起三句，方説古之治道者，真是好文字。東坡言因讀莊子而悟作文之法〔二〕，履之而後知也。

校　注

〔一〕「俗學」，宋本、道藏本作「俗俗學」。

〔二〕「東坡言」句，蘇轍東坡先生墓志銘中記載東坡少時讀莊子而言：「吾昔有見於中，口未能言，今見莊子，得吾心矣。」

古之治道者，以恬養知；生而無以知爲也，謂之以知養恬。知與恬交相養，而和理出其性。夫德，和也；道，理也。德無不容，仁也；道無不理，義也；義明而物親，忠也；中純實而反乎情，樂也；信行容體而順乎文，禮也。禮樂偏行，則天下亂矣。彼正而蒙己德，德則不冒，冒則物必失其性也。

恬，靜定也，定能生慧，故曰以恬養知。知吾有生之初，本來無物，何以知爲？如此而後能靜定，故曰以知養恬。二者交相養，而後得其自然之性。理，順也，和理，猶曰和順也，靜定而得其本然和順之性，故曰和理出於性。性字卽自然字。恬養知，知養恬，此六字最妙，釋氏有曰「戒生定，定生慧」〔一〕，却未説慧能生定也。如此等處，當子細讀。道德卽是和順，故曰德，和也；道，理也。無不容，卽無不愛也；無不理，卽各得其宜也。義明於中，而後能與物親，便是「盡己之謂忠」〔二〕也。情，發見者也，以中心之真純而見於外，以其發見者而反求之中心，卽是「樂則生矣，生則惡可已」〔三〕也，故曰中純實而反乎情，樂也。信其容體之所行而有自然之節文，卽是「動容周旋皆中禮」〔四〕也，故曰信行容體而順乎文，禮也。信，任也，信行猶安行也。外求禮樂而不知其本，故曰偏行，猶言只見得一半也。蒙，晦也，德積於己，不自眩露，而彼物自正，故曰彼正而蒙己德。彼正卽物正也。不冒者，言我非以德加諸人也。德不自晦而求以加諸人，則失其自然者矣，故曰冒則物必失其性。以善服天下，不若以善養天下，〔五〕便謂此意。

校注

〔一〕「戒生定，定生慧」，見六七頁注〔二〕。

〔二〕「盡己之謂忠」，程頤論語解述而：「盡心之謂忠。」河南程氏遺書卷二十三：「盡己爲忠，盡物爲信。」

〔三〕「樂則生」二句，見孟子離婁上。

〔四〕「動容」句，見孟子盡心下。

〔五〕「善服天下」二句，見一九四頁注〔一〕。

古之人，在混芒之中，與一世而得澹漠焉。當是時也，陰陽和靜，鬼神不擾，四時得節，萬物不傷，羣生不夭，人雖有知，無所用之，此之謂至一。當是時也，莫之爲而常自然。

混芒之中，卽晦藏不自露之意。淡然漠然，上下不相求之意。舉世皆純全，而於道無所欠闕，故曰至一。莫之爲者，言無所容力也。鬼神不擾，山川鬼神莫不寧也。四時得節，天地節而四時成也。

逮德下衰，及燧人、伏戲始爲天下，是故順而不一。德又下衰，及神農、黄帝始爲天下，是故安而不順。德又下衰，及唐、虞始爲天下，興治化之流，澆醇散朴，離道以善，險德以行，然後去性而從於心。心與心識，知而不足以定天下，然後附之以文，益之以博。

文滅質，博溺心，然後民始惑亂，無以反其性情而復其初。三箇下衰，其文自奇。知有理之可順，則其純一者已離矣，故曰順而不一。人各以理爲安，則知有己，知有己則離於道矣，故曰安而不順。作意於爲天下而興其教化，則非無爲自然者，故曰澆醇散朴。澆，漓也。有善之名，則遠於道矣，有行之可見，則德不平易自然矣，故曰離道以善，險德以行。險，不平易也。去其自然之性，而從其有爲之心，故曰去性而從於心。我以有心爲，彼以有心應，故曰心與心識。識，相識察也。似此心字，皆機心也。文者，文華也。博者，名物之多也，禮樂庶事備也。用其知不足，又附益之以禮樂，故曰知而不足以定天下，附之以文，益之以博。博，繁多而寡要也。用心於此，則猶陷溺也。

由是觀之，世喪道矣，道喪世矣。世與道交相喪也，道之人何由興乎世，世亦何由興乎道哉？道無以興乎世，世無以興乎道，雖聖人不在山林之中，其德隱矣，隱故不自隱。道與世交相喪，言兩不相入也，既不相入，則有道之人何能作興世俗之聞見？世俗之人又何由而知道？舉世皆不知道，則聖人雖在目前，亦不知矣。非聖人自隱也，人不知之，不求隱而自隱矣，故曰隱故不自隱。言其所以隱者，非聖人故意自隱也，在目前而人不識之也。此五字下得亦奇。

古之所謂隱士者，非伏其身而弗見也，非閉其言而不出也，非藏其知而不發也，時命大謬也。當時命而大行乎天下，則反一無迹；不當時命而大窮乎天下，則深根寧極而待，此存身之道也。

因上面隱字，又拈起隱士來説。隱士非欲伏身閉言藏知，時不可也。藏知，「邦無道則愚」〔一〕也。時命大謬，言與時命大相戾也。謬，戾也。反一無迹者，言成功而不有也。道雖可行，而付物於無心，在我者一而已矣，故曰反一。根極，卽自本自根也，極，止也。深根，猶曰「退藏於密」〔二〕也；寧極，猶曰「安汝止」〔三〕也。存我以待時，故曰深根寧極而待。存身，卽存我也。

校注

〔一〕「邦無道」句，見論語公冶長。

〔二〕「退藏於密」，見三七頁注〔三〕。

〔三〕「安汝止」，見書益稷。

古之行身者，不以辯飾知，不以知窮天下，不以知窮德，危然處其所而反其性已，又何爲哉？道固不小行，德固不小識。小識傷德，小行傷道。故曰，正己而已矣，樂全之謂得志。

因存身字又説箇行身。存，不用之時也；行，用之時也。不以辯飾知，有所知見，不飾以文辭也。

不以知窮天下，有餘不敢盡也。不以知窮德，雖用知而不失其自然之性也。危然處其所，所立者高也；而反其性已，即所謂反一無迹也。無爲者，道之大也，有爲則爲小行，小行則害道矣。不識不知者，德之大也，有所識知則爲小識，小識則喪德矣。正己而物自正，初不求於正物，故曰正己而已矣。以此爲樂，則所樂者全矣，其快意者在此，不在外物也。得志，猶快意也。以此二字，生下一段文法也。

古之所謂得志者，非軒冕之謂也，謂其無以益其樂而已矣。今之所謂得志者，軒冕之謂也。軒冕在身，非性命也，物之儻來，寄也。寄之，其來不可圉，其去不可止。故不爲軒冕肆志，不爲窮約趨俗，其樂彼與此同，故無憂而已矣。今寄去則不樂，由是觀之，雖樂，未嘗不荒也。故曰：喪己於物，失性於俗者，謂之倒置之民。

足於内者，無求於外，故曰無以益其樂，便是「萬物皆備於我，反身而誠，樂莫大焉」〔一〕。性命，天爵也，軒冕，外物也。適然而來，故曰儻來，去留在彼，而不在我，故曰寄，此三字下得奇絶。知其去來之不可必，故達亦不肆，窮亦不屈，故曰不爲軒冕肆志，不爲窮約趨俗。趨俗者，屈己以趨時也。彼，道也，其樂道與他人樂軒冕同，故曰樂彼與此同。樂者在我，則無時而能憂；樂者在物，則物去而樂亦去矣。其樂既有去來，則非真樂矣，故曰雖樂，未嘗不荒也。倒置者，言不知本末也。己與性，本也，物與俗，末也，重末而失其本，故曰倒置之民。此篇亦是一片文字，最要看他結上生下，起下接上處。

校注

〔一〕「萬物」三句，見孟子盡心上。